Marcus Steinweg und Frank Witzel

Humor und Gnade

Matthes & Seitz Berlin

Inhalt

1. Destabilisierende Erfahrungen

FW: Wenn ich mich an meinen ersten Kontakt mit der Philosophie erinnere, dann waren das die französischen Existenzialisten, in erster Linie Camus, obwohl Ende der Sechzigerjahre natürlich schon eine ganz andere Philosophie existierte, Camus bereits zehn Jahre tot war. Mich hat damals vor allem beeindruckt, dass jemand einfach hinschreibt: »Es gibt nur ein ernsthaftes philosophisches Problem: den Selbstmord.« Genau dieses Thema beschäftigte mich als Pubertierenden, aber ich fühlte mich damit letztlich alleingelassen, konnte darüber mit niemandem reden. Und dann schlage ich ein Buch auf und finde diesen Satz. Das heißt, da sagt jemand: »Dein Problem ist nicht nur ernst zu nehmen, sondern es ist sogar das grundlegende philosophische Problem, mit dem du dich da auseinandersetzt.«

MS: Meine erste philosophische Erfahrung war die der Langeweile. Nicht die Welt oder die anderen langweilten mich. Ich selbst war Gegenstand der Langeweile. Das Gefühl der Leere kam auf.

Dazu musste ich mich verhalten. Ich war 12 oder 13 Jahre alt und ich wusste, dass es in der Philosophie um den Sinn oder Nichtsinn der Existenz geht (mein Vater, der Rechtsanwalt war, hatte beim emeritierten Heidegger studiert). Also begann ich Sartre und Kierkegaard zu lesen, Kant, Nietzsche, Jaspers, Platon, Augustinus, Wittgenstein, ein wenig Hegel. Mit 15 Jahren dann Heideggers *Sein und Zeit.* Es war das erste philosophische Buch, das ich mit dem Stift in der Hand durchgearbeitet habe. Dieses Buch wirkte wie ein Sog auf mich, eine Art Strudel oder Abgrund, der mir Gewissheiten gab, indem er mir Gewissheiten nahm. Eine mich destabilisierende Erfahrung. Ich verstand nur wenig, aber ich verstand, dass es da etwas zu verstehen gibt. Ich begriff, dass die Grundfragen der Philosophie mit meinem Leben zu tun haben. Es war eine Initiation. Ich las ungeduldig weiter. Die Philosophie hatte mich wie ein Fieber gepackt. Das hat bis heute nicht nachgelassen.

FW: Dieser Satz, den du gerade über deine Heidegger-Lektüre gesagt hast: »Ich verstand nur wenig, aber ich verstand, dass es etwas zu verstehen gibt«, diesen Satz könnte ich fast wörtlich benutzen, um meine erste eigene Lektüreerfahrung, allerdings nicht in Bezug auf Philosophie, sondern in Bezug auf Literatur, zu beschreiben.

Was für dich Heidegger war, das war für mich der frühe Peter Handke. Ich las *Der Hausierer* und *Die Hornissen* und war fasziniert, weil ich tatsächlich kaum etwas verstand – und ich kann jetzt nur wiederholen, was du gesagt hast –, aber verstand, dass es da etwas zu verstehen gibt. Und diese grundsätzliche Erfahrung war es, die mich zur Literatur gebracht hat. Es war nicht das Erlebnis, dort etwas wiederzufinden, das man schon kennt oder in dem man seinen pubertären Narzissmus spiegeln kann, sondern etwas zu entdecken, das einem etwas komplett Unbekanntes, Unverständliches zeigt, auch in der Hoffnung, dass sich dort eine Lösung für die eigene Misere findet.

MS: Bei Handke gibt es die Insistenz auf die Zwischenräume. Ich habe Handke Anfang der Neunzigerjahre zu lesen begonnen, die Versuche: über die Jukebox, über die Müdigkeit, über den geglückten Tag. Mir wurde klar, dass Handke einen eigenen Begriff des Schreibens hervorbringt.

FW: Dieser Begriff bezieht sich aber durchaus auf eine Tradition. Für Handke war und ist ja wohl auch immer noch das »Sanfte Gesetz« von Stifter wichtig, von dem man auch leicht eine Verbindung zu den von dir genannten Zwischenräumen herstellen kann, nicht nur, weil dieses Gesetz in dem Raum zwischen Individuum und Gemeinschaft wirkt, sondern weil es sich weitgehend im Verborgenen abspielt. Es ist interessant, weil Handke sich als Jusstudent anfänglich direkt mit dem Gesetz auseinandersetzt, zum Beispiel in Texten wie »Das Standrecht«, woraus sich dann langsam eine Poetik entfaltet, mit einer ersten Veränderung Anfang der Siebzigerjahre und dann knapp zehn Jahre später mit der *Lehre der Sainte-Victoire*.

MS: Ich las das Buch zur Montagne Sainte-Victoire, weil ich nach dem ersten Semester an einer Doktorarbeit zu Heidegger und Cézanne zu schreiben begonnen hatte. Aus der Doktorarbeit wurde nichts, da ich die Universität verlassen habe, weil mich die universitäre Vorstellung von Philosophie enttäuschte. Philosophie war dort kaum eigenständiges Denken. Sie erschöpfte sich in mutloser Interpretation. Indem mir Handke seine Schreibpraxis, seine Idee von Literatur vorführte, ermutigte er mich, auf einem eigenen Begriff von Philosophie zu insistieren. Philosophie impliziert Resistenz gegenüber dem, was als Philosophie firmiert. Im *Abécédaire* sagt Deleuze: »Il faut sortir de la philosophie par la philosophie« – analog zu Adorno, der mit dem Begriff über den Begriff hinausgelangen wollte. Mich hat diese Resistenz beeindruckt. Sie kommt mir bis heute unerlässlich vor. Handke zeigte mir, dass der Gegenstand des Schreibens das Schreiben ist. Das gilt auch für die Philosophie. Der Gegenstand der Philosophie ist die Philosophie. Das heißt nicht, dass sie sich in sich einschlösse. Es heißt, dass sie *als* Philosophie mit ihrem Selbstverständnis brechen muss. Cézanne hat dasselbe für die Malerei geleistet. Er hat mit den Mitteln der Malerei mit der Malerei gebrochen wie niemand vor ihm.

FW: Geht es also bei dieser grundsätzlichen Erfahrung – du mit Heidegger, ich mit Handke – um ein Versprechen, dass einen die größtenteils unverständlichen Sätze irgendwohin führen werden, nämlich über diese Sätze hinaus? Im Zweifelsfall sogar über die eigene Existenz hinaus? Frappierend finde ich, dass es bei dir dann auch Handke ist, der dir durch seine eigene Schreibweise den selbstständigen Zugang zur Philosophie vermittelt. Vielleicht hätte ich das auch in der Philosophie finden können, wäre ich in ähnlicher Weise an sie herangegangen. In der Literatur konnte ich mich dem Unverständnis aussetzen, konnte ich durch dieses Unverständnis einen Impuls empfangen, der mich dazu brachte, immer weiter und immer mehr zu lesen und schließlich selbst zu schreiben, während ich vor der Philosophie in gewissem Sinne erst einmal eingeknickt bin. Während ich das Unverständnis in der Literatur als eine Art Versprechen verstand, meinte ich, in der Philosophie dieses Unverständnis sofort, eigentlich in einer Form des Vorverständnisses, sogar schon vor der Lektüre auflösen zu müssen. Weshalb das so war, kann ich nicht sagen. Obwohl ich die Philosophie damals nie bewusst mit der Religion in Zusammenhang gebracht habe, haben an dieser Stelle vielleicht doch entsprechende Mechanismen gewirkt. Es ist ja geradezu eine Voraussetzung von Religion, einen mit unverständlichen Begriffen quasi zum Glauben zu nötigen: Dreifaltigkeit, Unbefleckte Empfängnis, Transsubstantiation und so weiter, das Geheimnis des Glaubens sozusagen. Dort, wo man nicht versteht, setzt dann der Glauben ein. Aber auf einen neuen Glauben, überhaupt einen Glauben, hatte ich damals keine Lust, weil ich mich ja gleichzeitig von dem alten Glauben zu lösen begann.

MS: Dennoch ist nichts ungewisser als die Möglichkeit, aus dem Glauben – es muss kein religiöser sein; doch wo beginnt Religion und wo hört sie auf? – auszusteigen, ohne in einen neuen Glauben einzusteigen, der sich oft kaum als Glaube präsentiert. Auch das Wissen ist ein Glaube. Wittgenstein konstatiert in *Über Gewißheit*: »Was ich weiß, das glaube ich.«

FW: Wahrscheinlich ist das Wissen sogar der größere Glaube, weil man ja zu wissen glaubt, während man beim Glauben zumindest weiß, dass man »nur« glaubt. Ich habe damals noch an eine strikte Trennung von beiden geglaubt, obwohl gerade diese Trennung damals bei mir ins Wanken geraten war. Ich befürchtete wohl, dass die Philosophie ähnlich wie die Kirche von mir erwartet, gewisse Begriffe einfach anzunehmen, dabei sehnte ich mich eher nach einer Arbeit am Begriff. Die fand ich dann in gewisser Weise in einer Literatur, in der immer auch, wie du gesagt hast, das Schreiben selbst Gegenstand des Schreibens ist, die Sprache selbst zu Wort kommt und nicht lediglich als Vehikel benutzt wird, um etwas darzustellen. Und ich denke, dass genau darin mein Fehler lag, zu glauben, Philosophie habe nicht in erster Linie auch mit Sprache zu tun, weshalb es auch kein Wunder ist, dass ich ein paar Jahre später über Wittgenstein einerseits und Hegel andererseits wieder zur Philosophie kam, denn bei beiden – wenn natürlich auch auf ganz unterschiedliche Art und Weise – habe ich nicht nur die Klarheit, die durch Sprache erzeugt werden kann, sondern hinter dieser Klarheit auch immer eine Art Kampf mit dem Wahnsinn gespürt.

MS: Nicht erst seit Nietzsche – doch bei ihm, wie Roland Barthes bemerkt, »am gründlichsten« –

hat sich das überlieferte Begriffsdenken gegen sich selbst gewandt. Der Begriff wird zum Problem. Es gibt ihn nicht gewaltlos. Immer tritt er synthetisierend auf, ist reduktorisch. Denken in Begriffen hat einen hohen Preis. Zugunsten gewaltsamer Synthesen wird die Mannigfaltigkeit des unter ihm subsumierten verletzt. Fast könnte man meinen – und eine gewisse Doxa meint es tatsächlich –, man müsse das Begriffsdenken aufgeben, der Preis sei zu hoch. Aufgeben für was? Für die Unmittelbarkeit sinnlicher Data, den Reichtum der *aisthesis* oder *perceptio*? Ist nicht gerade, wie Adorno und andere gezeigt haben, die Insistenz auf der Unmittelbarkeit vorphilosophisch, unkritisch, naiv? Von Adorno lässt sich lernen, dass der Begriff im Medium des Begriffs befragt werden muss statt im außerphilosophischen Element. Das nennt er Dialektik, was nicht heißt, dass der Begriff sich nur um sich selbst schert. Jeder Begriff ist für Adorno von sozialer, kultureller, politischer, historischer etc. Realität durchschossen. Er gehört der Domäne der Gesellschaft an und unterliegt der ideohistorischen Variabilität seines semantischen Gehalts. Es gibt fürs philosophische Denken keinen einfachen Ausstieg aus dem Begriffsdenken.

FW: Bei Adorno, ähnlich wie bei Benjamin, wird im Denken auch ein gewisser Verlust thematisiert. Ein Verlust, aus dem eine Hoffnung entsteht, die darum immer eine Hoffnungslosigkeit in sich trägt. Gerade deshalb ist Adorno so kritisch gegenüber einer Unmittelbarkeit, weil die nur falsch sein kann, da sie im Benennen bereits vergangen ist. Das Vermisste, genauso wie das Erhoffte müssen als Trugbilder erkannt werden. Das Schmerzliche an der Sehnsucht ist wahrscheinlich genau der Umstand, dass sie ihre außerphilosophische Unmöglichkeit mit sich trägt, nur im Begriff existiert, der sie dennoch verfehlt.

MS: Zugleich ist klar, dass Begriffe immer auch Wörter sind, Singularitäten, deren Bedeutung variiert. Jeder Begriff hat eine sinnliche Dimension. Statt Container zu sein, ist er ein offenes und mit seiner Umwelt kommunizierendes System. Die Unabschließbarkeit dieser Kommunikation kann man Dialektik nennen oder – mit Blanchot – unendliches Gespräch. Es ist auch ein Selbstgespräch. Genau genommen handelt es sich bei diesem Selbstgespräch um einen polylogen Monolog. Der Begriff mag synthetisierend sein, er ist zugleich analysierend. Kein Begriff, der nicht durch die Mannigfaltigkeit des durch ihn Ausgesagten zerrissen wäre. Begriffe sind Kriegsmaschinen. Sie richten sich gegen sich selbst, das heißt gegen die Kategorien der Einheit, des Allgemeinen, der Universalität, des Selbst. Zuletzt aber liefern sie ein Bild dieser Kategorien, als auf ihr jeweiliges Außen geöffnete Operatoren. Wahres Begriffsdenken sperrt das Außen weder ein noch aus. Es erfährt sich als von ihm heimgesucht, von Anfang an. Dieser Heimsuchung mit einer Sprache zu entsprechen, die sich weigert, zwischen Universalismus und Singularismus (oder Partikularismus) zu wählen, ist, was man Denken nennen kann. Unruhedenken, das sich als Szene fiebriger Konflikte und Uneinigkeiten erfährt. Denken im Werden, das nicht auf logische Konsistenz verzichten kann, auch nicht auf Antworten (es schließt sich nicht in schlechter Unendlichkeit ein), während es dem *alogon* zugekehrt bleibt, das es fortlaufend aufreizt oder erschüttert, damit es sich nicht in falschen Evidenzen beruhigt, in metaphysischem Irenismus oder Begriffspazifismus, der das Ende der Philosophie wäre, also das Ende jeder plausiblen Vorstellung von Aufklärung und Kritik. Die sich über sich selbst aufklärende Aufklärung bejaht die Kompossibilität von Licht und Dunkelheit, Evidenz und Inevidenz, Sinn und Nichtsinn etc. Sie widersteht dem Tatsachenobskurantismus ebenso wie dem Obskurantismus *tout court*. Die Aufklärung ist selbst ein Exzess. Solange sie sich darüber im Klaren ist, hat sie eine Chance, der falschen Alternative zwischen Realismus und Idealismus zu widerstehen.

FW: Ich halte den Begriff der Aufklärung selbst für nicht gerade unproblematisch, nicht nur, weil er im Deutschen gleichzeitig Epoche, Denkbewegung und durch einen Dritten vorgenommene Erläuterung eines Sachverhalts bezeichnet, weshalb diese Bedeutungsebenen automatisch interagieren, sobald man von Aufklärung spricht. Die anderen Sprachen müssen sich dann entsprechend entscheiden, etwa bei der *Dialektik der Aufklärung*. Im Englischen haben sie es ganz gut gelöst, wie ich finde, indem sie von *Enlightenment* sprechen, allerdings ohne Artikel, gleichzeitig klingt da natürlich die östliche Erleuchtung mit. Wenn Van Morrison singt »Enlightenment, don't know what it is«, dann meint er kaum die Aufklärung, obwohl das auch ein brauchbarer Ansatz wäre. Allerdings einfach von der *Dialectique de la raison* zu sprechen, wie in der französischen Übersetzung, führt völlig in die Irre, weil da auch noch die verschiedenen Bedeutungen von *raison* dazukommen, die man erst aufdröseln müsste. Es wäre also auch immer zu fragen, wenn man sich an den Begriffen abarbeitet, inwieweit sie ohnehin nur Ausschnitte abbilden können, weil sie bereits innerhalb ihrer eigenen Sprache gefangen sind. Und ich spreche dabei nur von europäischen Sprachen, mit ihren großen Gemeinsamkeiten und Verwandtschaftsbeziehungen. Mir hat einmal ein Altphilologe gesagt, dass man Hegel nur auf Latein übersetzen müsse, um zu sehen, dass seine Philosophie dort schon bald an ihre Grenzen kommt. Ich kann mir das gut vorstellen, allein wenn man versucht, den Begriff Aufhebung mit seinen drei Bedeutungen zu übertragen. Aber dennoch weisen solche Begriffe ja auf etwas hin, auf das einen die Sprache zuführt, das man darüber hinaus aber auch als Teil einer Erfahrung zu begreifen meint. Oder ist Erfahrung allein durch Sprache geprägt und ich kann nur die Erfahrungen machen, die meine Sprache mir gestattet?

MS: Ich denke, dass alle großen Begriffe der Philosophie (Wahrheit, Freiheit, Gerechtigkeit, Gleichheit, Wirklichkeit, Subjekt etc.) problematische Begriffe sind. Ganz im Sinne Kants, der Begriffe problematisch nennt, deren objektive Realität »auf keine Weise erkannt werden kann«. Es sind Begriffe, die das Denken an seine Grenze treiben. Die Dialektik der Aufklärung (und ich spreche hier nicht nur vom Buch Horkheimers und Adornos) trägt den Problemwert solcher Begriffe aus, nicht ohne selbst problematisch zu sein.

FW: Es macht ja wahrscheinlich das Wesen der Philosophie aus, dass sie nicht den Begriff durch die Wirklichkeit bestimmen lässt, sondern über den Begriff die Wirklichkeit bestimmt. Das wäre dann die Arbeit des Begriffs oder die Fortbestimmung des Begriffs bei Hegel.

MS: Die spekulative Metaphysik Hegels, sein absoluter Idealismus gelten als Beruhigungsmetaphysik, in der, wie Heidegger sagt, der Hegel'sche Geist auf Schienen gesetzt sei. Er entgleist nicht. Es handelt sich, diesem Hegelbild entsprechend, um eine Glück-im-Unglück-Dialektik. Sie lebt vom unbedingten Glauben an Progression. Kurz: Ihr wird Naivität unterstellt. Gewisse Teile der französischen Hegelrezeption, im Anschluss an Jean Hyppolites Übertragung der *Phänomenologie des Geistes* ins Französische, machen hier eine Ausnahme. So auch Georges Bataille, der Hegel und Nietzsche parallel liest.

FW: Bataille bringt Hegel sozusagen zum Entgleisen, indem er ihn als Romantiker und seine Philosophie im Anschluss an Kojève als eine Philosophie des Todes liest. Gleichzeitig wollte er das »interpretieren, was Hegel nicht gewusst oder unbeachtet gelassen hat«, oder wie Rita Bischoff sagt »mit Hegel, gegen Hegel und über Hegel nachdenken«. Wobei das Bataille generell mit allen Philosophen gemacht hat, auch und besonders mit Nietzsche. Aber Hegel ist eben eine enorme Projektionsfläche, bei der die Kritik an ihm oft mehr über den Kritiker aussagt als über den Gegenstand der Kritik, wie man auch an Heidegger oder an Kierkegaard sehen kann.

MS: Kierkegaards Einwand gegenüber Hegel – er habe das Existieren vergessen – ließe sich als Einwand der Literatur, die dem Konkreten verhaftet bleibt, der Dimension der Wörter gegenüber der Philosophie verstehen, die mit abstrakten Begriffen operiert. Ich habe an diese Opposition zwischen Literatur und Philosophie, Konkretion und Abstraktion, Wort und Begriff nie geglaubt. Eher liegt die philosophische (und warum nicht auch die literarische) Herausforderung darin, die Kompossibilität dieser Register zu affirmieren. Oder zumindest zu registrieren. In der französischen Geistesgeschichte gibt es eine lange, bis zu Sartre und de Beauvoir, Derrida und Badiou reichende Tradition von Philosophenschriftstellern: die Enzyklopädisten, Montaigne, Voltaire, Rousseau (obwohl er aus der Schweiz kommt), Bataille etc. Es gibt keine Literatur, die sich das Denken versagen könnte, so wie es keine Philosophie ohne existenzielle Brisanz gibt.

FW: Das ist natürlich völlig richtig, und nicht umsonst kommen wir beide auch immer auf die Autoren zu sprechen, die beides in ihrer Arbeit weitgehend vereinen. Aber wenn man zwei Pole zusammenführt, dann ist das nur dort lohnend, wo eine gewisse Spannung herrscht, und diese Spannung kann nur herrschen, wenn die Pole in ihrer Unterschiedlichkeit existieren. Das heißt, wir können letztlich dem dialektischen Prozess nicht entkommen, in dem die Zusammenführung der beiden Pole diese Pole gleichzeitig in ihrer Eigenart noch deutlicher erscheinen lässt. Sobald ich aber eine eindeutige Position beziehe, verfehle ich sie zwangsläufig.

MS: Bei Foucault gibt es die strittige Kooperation von Analyse und Exzess. Der Diskurs, seine Analyse, die philosophische Begriffsarbeit sind von existenzieller Relevanz. Heidegger hat in *Sein und Zeit* an zwei Stellen vom »Rückschlag« der Ontologie ins Ontische gesprochen. Die Philosophie schlägt in die Existenz des Denkenden zurück. Sie macht etwas mit ihm. Analog dazu hat Michel Foucault seinen emphatischen Begriff der Erfahrung (*expérience*) in Stellung gebracht. Eine Erfahrung sei etwas, woraus man nicht unverändert hervorgehe. Das kann die Erfahrung eines Textes sein oder eines Kunstwerks. Wahre Rezeption interveniert in die Existenz des Rezipierenden. Hegel wusste das, weshalb der Begriff der Unruhe und des Werdens ein bei ihm so zentraler ist. Deleuze und Badiou sprechen von

Begegnung (*rencontre*). Da passiert etwas, was meine Identität ins Wanken bringt. Es geht um einen Außenkontakt, der das Subjekt überfordert, es in eine gewisse Selbstenteignung zwingt. Wer schreibt, ist draußen, außerhalb seiner selbst. Nicht nur Blanchot wusste das – und mit ihm Foucault, Deleuze und Derrida. In den *Minima Moralia*, die Benjamin viel verdanken, der den »Etui-Menschen« verwirft, insistiert Adorno darauf, dass es dem »Schriftsteller nicht einmal im Schreiben zu wohnen gestattet« sei. Der emphatische Begriff des Schreibens, den Adorno nicht nur mit französischen Philosophenschriftstellern teilt, drängt das Subjekt ins Subjektaußen (wo es faktisch längst ist!). Er zertrümmert seine Identität. Schreibend erfährt es sich als Schauplatz solcher Zertrümmerung, was nicht bedeutet, dass es sich auflöst. Der Schreibakt impliziert Resistenz gegenüber Selbstauflösung. Um sich nicht in Identitätsattrappen zu retten, geht es darum, die Arbitrarität von Realität zu demonstrieren. Das ist die (nicht immer explizite) Politizität des Schreibens: aufzustehen gegen alles, was sich als unwiderruflich gegeben und konsistent präsentiert. Adornos Bemerkung resultiert in einer Polemik gegen das Wohnen. Wer wohnt, um bei sich zu Hause zu sein, schreibt nicht. Denken und Schreiben sind wohnungslos. Zumindest erkennen sie die Illusion des Wohnens samt des ihr inhärenten Schutzversprechens nicht an. Das Dach ist brüchig, die Obdachlosigkeit, wie Georg Lukács in der *Theorie des Romans* meint, transzendental. Man könnte von der Kopflosigkeit der Schreibbewegung sprechen. Es handelt sich um eine Hals-über-Kopf-Dynamik, die das Subjekt ins Ungewisse führt. Sie darf nicht auf Kosten der Konzentration, Präzision und Intensität der Texte gehen. Schreiben ist ein Akt exakter Selbstüberschreitung. Heiner Müller hat von »kontrolliertem Wahnsinn« gesprochen, den er fürs Theater reklamiert. Und bei Marguerite Duras steht: »Ich wurde verrückt bei vollem Verstand.«

FW: Und Derrida hat gesagt: »Je ne philosophe que dans la terreur, mais la terreur avouée d'être fou.«

MS: *Une »folie« doit veiller sur la pensée* ist der Titel eines Gesprächs mit Derrida.

FW: Damit weist er noch einmal verstärkt darauf hin, dass all das auch immer eine existenzielle Komponente hat, die sich vielleicht doch nicht bis ins Letzte hinein kontrollieren lässt. Ich meine damit die von dir gebrauchte Formulierung der »exakten Selbstüberschreitung«. Artaud wäre ein Beispiel, dass diese Selbstüberschreitung im Schreiben nicht immer »exakt« ist, sondern oft auch versuchshaft, auslotend, wie wenn man ein Netz auswirft. Das muss nicht auf Kosten von Konzentration, Präzision und Intensität gehen, aber bei verschiedenen Autoren sind die einzelnen Eigenschaften unterschiedlich stark ausgeprägt. Bei Artaud ist es offensichtlich, hat man aber einmal ein Sensorium dafür entwickelt, dann kann man das genauso gut bei einem Autor wie Rilke finden. Wenn man ein Gedicht wie »Die Rosenschale« liest, dann ist das sowohl Arbeit am Begriff als auch kontrollierter Wahnsinn, wie dort die Metaphern aneinandergereiht und im Entstehen schon wieder verworfen werden: »Hinhalten, Niemals-Gebenkönnen, Dastehn, [...] Lautloses Leben, Aufgehn ohne Ende, Raumbrauchen ohne Raum von jenem Raum zu nehmen, den die Dinge rings verringern, fast nicht Umrissen-sein wie Ausgespartes und lauter Inneres« und so weiter und so weiter.

MS: Zum Wahnsinn des Schreibens gehört die Unterordnung des Inhalts unter die Form. Das ist eine These von Paul de Man in *Allegorien des Lesens*, in Bezug auf Rilke. Dass der Formwille über den ausgesagten Inhalt, das heißt auch über die Wortwahl im Gedicht, entscheidet. Schreiben bedeutet, sich auf Formexperimente einzulassen, die zur Sprengung der nächstliegenden Formen aufrufen. Die Suche nach der geeigneten Form koinzidiert nicht mit derjenigen nach der richtigen. Schreiben heißt nicht, das Richtige tun. Jede relevante literarische Position ist eine der Formsprengung, indem sie sich Richtigkeitsimperativen verschließt. Formlosigkeit als Form – das gibt es auch bei Rilke. Ein Stottern, das den Text unbekannte Wege nehmen lässt, Wege, die so noch nicht existieren. Artaud lässt die Sprache in Schreien explodieren. In der Literatur gibt es unzählige Beispiele für Formexperimente, die einen neuen Literaturbegriff bewirken: Joyce' *Ulysses* und *Finnegans Wake* sind Beispiele dafür. Blanchot hat mit *Thomas der Dunkle* und *Das Todesurteil* einem Literaturbegriff zugearbeitet, der mit dem klassischen Verständnis von Literatur nichts zu tun hat. Man betritt einen gespenstischen Raum und muss neu oder anders lesen lernen, um am Experiment dieser Literatur zu partizipieren. Dasselbe gilt für die Philosophie. Philosoph ist, wer einen neuen Begriff von Philosophie hervorbringt. Das geht nicht ohne Formsprengung, nicht ohne Experiment.

FW: Es besteht allerdings gerade in der Literatur die Gefahr, dass das Experiment abgekoppelt und zum reinen Formenspiel, also in gewissem Maße zum Selbstzweck wird. Man vergisst dann unter Umständen, worum es einmal ging, und verliert die Sprengkraft des Experiments, die sich immer aus dem Spannungsverhältnis von Inhalt und Form ergibt. Mich hat die Konkrete Poesie deshalb nur sehr bedingt interessiert. Auch was Oulipo gemacht hat und noch macht – wobei es dort sehr viele sehr gute Texte gibt –, verliert sich dann doch immer wieder in aleatorischen Spielereien oder mathematischen Denksportaufgaben. Ich finde deshalb die Pataphysiker interessanter oder eben Perec, der zwischen beidem changiert. Man kann es vielleicht mit der Zwölftonmusik vergleichen, da wird eine Form gesprengt, aber diese Sprengung zu schnell wieder in eine neue Form überführt, indem der konventionellen Harmonielehre gleich ein neues Regelwerk gegenübergestellt wird. Überzeugend ist eigentlich dann wieder Alban Berg, der die Zwölftonmusik mit der alten Harmonielehre zusammendenkt und erneut versucht, die neue Form von innen aufzusprengen. Das hat ihm den Vorwurf des Zurückschreitens eingebracht, dabei bewegte er sich für mich nach vorn. Vielleicht können wir später noch einmal auf den Begriff der Avantgarde kommen, ob die immer nur als ein Schaffen von Neuem verstanden werden muss, während alles andere dann gleich wieder Rückschritt und Restauration ist.

MS: Das Paradox liegt vielleicht darin, dass die Form im Medium der Form gesprengt wird. Was wäre die Alternative? Die ästhetische Psychose?

Vollständige Formliquidierung? Der Formlosigkeit mit Form zu antworten, könnte eine Definition von Kunst sein. Dabei würde, was ich Formlosigkeit nenne, statt Ergebnis eines künstlerischen Experiments zu sein oder einer entfesselten Aleatorik zu folgen, auf das ontologische Chaos verweisen, auf die Inkonsistenz von Realität. Solange der literarische oder musikalische Formwille sich der Realität zuwendet, kehrt er sich der Formlosigkeit zu, dem Realen Lacans, dem Chaos von Deleuze und Guattari. Deshalb können Deleuze und Guattari von Konsistenzebenen sprechen, die das Chaos, die Inkonsistenz durchschneiden – nicht um seine Faktizität zu bestreiten, sondern um von ihm Zeugnis abzulegen. Form und Formlosigkeit bleiben in jeder künstlerischen Praxis aufeinander bezogen. In der Form drückt sich negativ aus, was sie bezeugt: Formmangel, Chaos, Inkonsistenz. In *Die Lust am Text* sagt Roland Barthes zum Verhältnis des Schreibens zur Neurose, dass sie eine »Notlösung« sei, »nicht in bezug auf das ›Gesundsein‹, sondern in bezug auf das ›Unmögliche‹, von dem Bataille spricht (›Die Neurose ist das bange Gewahrwerden des Unmöglichen in allem‹, usw.); aber diese Notlösung ist das einzige, was das Schreiben (und Lesen) ermöglicht.« Analog dazu ließe sich sagen, dass die Form Schutz vor der Psychose darstellt; die Form ist neurotisch!

Zum Schreiben wie zum Denken gehört Ungeschütztheit. Wer schreibt, exponiert sich, tut es ohne Rückendeckung irgendeiner Institution. Der Schreibende ist – trotz seiner Abhängigkeit von anderen, trotz der Mehrstimmigkeit des Geschriebenen – allein. Immer geht es darum, sich auf die Nacktheit der Sprache einzulassen, die verlegen macht. Es gibt eine Schreibscham, der man bei Kafka begegnet, bei Duras, bei Pavese, bei Celan ... Der Autor geniert sich für seinen Text. Er geniert sich dafür, geschrieben zu haben. Was ihn in größte Verlegenheit stürzt: Er kann nicht aufhören. Er schreibt weiter, trotz der Scham. Sein Verlangen nach Sprache ist seiner Lebensdynamik koextensiv. Wenn er nicht – wie Bataille – fürchtet, wahnsinnig zu werden, um vor dem Wahnsinn in den Text zu fliehen, dann fürchtet er zumindest, einer Leere Raum zu geben, die jedes seiner Wörter in den Abgrund des Nichtsinns zu reißen droht. Dennoch geht es ihm um nichts als um diese Leere, die er mit den Mitteln einer neu zu erfindenden Sprache markiert. Bei Duras ist es das Loch-Wort (*mot-trou* oder *mot-absence*), wie es in *Die Verzückung der Lol V. Stein* heißt, das die Leere im Geschriebenen indiziert. Nie ist es die Fülle, es ist immer die Leere, die Scham provoziert. Die Scham, vom Nichts gezeichnetes Subjekt zu sein, die aus dem Schreiben eine Schamlosigkeit macht, mit der sich der Schreibende arrangieren muss. Jeder Text ist Produkt solcher Arrangements. Kein Buch, das nicht Ausdruck schamhafter Umzirkelung der eigenen Leere wäre. Wer schreibt, tut es *dennoch*. Aus Verzweiflung, Ohnmacht, Notwendigkeit – aus Trotz.

FW: Wir sprechen jetzt aber vor allem von Literatur, Kunst und Musik. Wie sieht es mit der Thematik von Experiment und Form innerhalb der Philosophie aus?

MS: Die Formfrage ist der Philosophie immanent. Jedes Denken verlangt nach der ihm gemäßen Form. Daher die Vielfalt an Ausdrucksformen – Sprachen, Begriffen, Dispositiven – in der Philosophiegeschichte. Platon hat Dialoge geschrieben, Spinozas Ethik ist als *More geometrico* verfasst, Kant und der Deutsche Idealismus setzen auf Systemarchitekturen, Foucault schreibt ein schillerndes, wie er selbst wusste, verführerisches Französisch etc. Dabei ist die Formfrage nie endgültig entschieden. Sie begleitet den jeweiligen Denker bis in die hintersten Winkel seiner Ratlosigkeit. Es gibt Formen aporetischen Schreibens, zum Beispiel bei Adorno und Derrida. Gegen sich selbst zu denken, wie es alle Philosophen tun, heißt, sich auf Formwagnisse einzulassen, die befremdlich, komisch, unseriös erscheinen können – was sie nicht weniger notwendig macht. Heidegger hat eine eigene Sprache, einen Jargon, wie Adorno sagt, geschaffen. Adornos Sprachmanierismen sind legendär. Vielleicht erkennt man wahre Philosophie daran, dass sie zu Sprachexperimenten führt, die Befremdung provozieren.

FW: Kafka schreibt früh in seinem Tagebuch: »Aber jeden Tag soll zumindest eine Zeile gegen mich gerichtet werden, wie man die Fernrohre jetzt gegen die Kometen richtet.« Ich finde das einen typisch doppeldeutigen Kafka-Satz, weil er zum einen das aufgreift, was du gerade gesagt hast, dass die Philosophen immer gegen sich selbst denken, das dann aber noch einmal wendet, denn die gegen sich selbst gerichtete Zeile ist gleichzeitig ein Fernrohr, mit dem man sich selbst, quasi von außen, als Objekt und in einer Form der Gegnerschaft oder zumindest des gleichgültigen Interesses genau unter die Lupe nimmt. Wenn man das zusammendenkt, könnte man sagen, dass eine Genauigkeit im Denken nur entstehen kann, wenn sich dieses Denken gegen einen selbst richtet.

MS: Die Erotik des Lesens verdankt sich der Erfahrung von Ungreifbarkeit. Der Text widersteht dem hermeneutischen Zugriff. Überzeugende Literatur lässt sich nicht konsumieren. Sie ist borstig bis in die Geschmeidigkeit. Lesen heißt, sich auf das Abenteuer des Nichtverstehens einzulassen. Daher das erotische Moment. Es ist Produkt der Ungewissheit, die zu jedem Verstehen gehört. Der Text ist garstig. Er verführt den Lesenden, ihn misszuverstehen. Es gibt keinen eindeutigen Sinn. Der Sinn ist gespalten. Er teilt sich im Versuch seiner Aneignung. Das macht ihn verführerisch. Man ist versucht, an das Ungreifbare zu rühren. Die Berührung des Unberührbaren ist nicht nichts. Sie ist dem Lesen als Erfahrung eines gewissen Selbstverlusts immanent. Lesen heißt, sich der Destabilisierung seines Selbst zu exponieren. Wer liest, macht sich auf den Weg ins Irgendwo. Wäre Lektüre nur selbstaffirmativ, ergäbe sie keinen Sinn. Wer nicht bereit ist, sich vom Text verführen zu lassen, wird nicht die geringste Leseerfahrung machen. Was am Text ergreift, ist das Ungreifbare. Das Ungreifbare ist erotisch. Lesen ist ein erotischer Akt.

FW: Ich würde das Thema Philosophie und Dichtung gern noch einmal vertiefen und zwar anhand eines Textes, der sowohl in Bezug auf die Philosophie als auch auf die Dichtung einige Fragen aufwirft. Er stammt von María Zambrano, ist 1939 erschienen und heißt auch *Philosophie und Dichtung*. Ich will gleich mal mit einer ganz konkreten Frage anfangen. Nachdem Zambrano erst das Loblied des Dichters singt – ich komme darauf später noch zu sprechen –, stellt sie der Dichtung die Philosophie gegenüber und spricht in diesem Zusammenhang von Gewalt, und zwar einer Gewalt, die von der Philosophie ausgeübt wird. Dieser Begriff der Gewalt kommt unzählige Male vor. Was sie, soweit ich sie verstanden habe, damit sagen will, ist, dass die Philosophie den Erscheinungen Gewalt antut, um sie auf eine Einheit zurückzuführen. Sie spricht zum Beispiel von der »ekstatischen Verwunderung«, die in der Philosophie unmittelbar in Gewalt umschlägt, um sich von der Gegenwart der Dinge zu befreien. Für sie ist die Philosophie eine durch Gewalt »abgebrochene Ekstase«. Sie definiert dabei Gewalt als »Hunger nach intellektueller Inbesitznahme«. Dabei ist für sie die Definition des Seins als Einheit Grund für den Ausbruch der philosophischen Gewalt. Mich hat dieser Begriff befremdet, weshalb mich interessieren würde, ob du damit etwas anfangen kannst.

MS: Zur Übergriffigkeit des Denkens gehört, dass es sich nicht in Diskretion erschöpft. Was es anrührt, verletzt es. Heidegger wirft (vor allem) der neuzeitlichen Metaphysik vor, dass sie gewaltsam sei, objektivierend, vorstellend, direkt. Im Zugriff zerstört der Begriff, was er ergreift. Das ist der

»Angriffscharakter« des Denkens, diese kaum vermeidbare Aggression. Es gibt kein Denken, das sich in Gelassenheit und schonendem Wohnen (wie es Heidegger in *Bauen Wohnen Denken* reklamiert) erschöpft. Denken impliziert ein Minimum an Gewalt. Derrida spricht von Urgewalt (*arché-violence*). Das ist die *différance*, die den idealistischen Identitarismus unterläuft. Es gibt kein störungsfreies Denken. Man muss wissen, dass zum Denken Störung gehört. Wenn Denken heißt, sich nicht mit den Konsistenzattrappen zu arrangieren, die den »Wirklichkeit« genannten Evidenzraum konstituieren, dann bohrt es Löcher in die Evidenzen, die die Weltanschauungen und Ideologien als substanziell präsentieren. Man muss nicht mit dem Hammer philosophieren, um die Erfahrung ihrer Fragilität zu machen. Dass sie zerbrechlich sind, heißt nicht, dass sie über keinerlei Konsistenz verfügen. Sie sind konsistent genug, um zu brechen. Unter genauer Beobachtung lösen sie sich auf. Wer genau hinsieht, erkennt ihre Rissigkeit. Dies eben tun Literatur, Kunst und Philosophie. Kafka fasst es wie folgt zusammen: »Was ich berühre, zerfällt.«

FW: Aber ist es nicht bezeichnend, dass du in diesem Zusammenhang Heidegger, Derrida und Kafka zitierst, also einen Philosophen, der am Ende in der Dichtung das Heil suchte, einen dichtenden Philosophen und einen philosophierenden Dichter? Ich glaube allerdings, dass es Zambrano, so wie ich sie verstanden habe, um eine andere Form von Gewalt geht, nicht um die Kraft, die »Löcher in die Evidenzen« bohrt, sondern genau umgekehrt, um die Philosophie, die das Sein, quasi gewaltsam, als Einheit definiert. Sie schreibt: »Und diese Einheit war zweifellos der Magnet, der die philosophische Gewalt zum Ausbruch brachte.« Der Grund, den sie angibt – und damit wären wir bei den Dichtern –, lautet dabei: »Die Erscheinungen zerstören sich gegenseitig, befinden sich in pausenlosem Streit, und wer an sie geklammert lebt, der wird vernichtet.« Sie sieht die Anschauung des Dichters der Welt gegenüber wohl als die ursprünglichere, auf die quasi aus der Angst vor der Vernichtung die Philosophie folgt, die gewaltsam eine Einheit herstellt, während du quasi von einer weiteren Entwicklung sprichst, wo dann dieser Einheit erneut Löcher zugefügt werden, um sie transparent zu machen und in ihrer Geschlossenheit aufzubrechen, und das eben wiederum von der Dichtung. Beinahe scheint es so zu sein, dass Philosophie und Dichtung einander bedürfen, um sich gegenseitig zu korrigieren.

MS: Ich denke, dass starke Philosophie beides demonstriert: ihren Willen zur Einheit wie deren faktische Löchrigkeit. Ein Denken, das auf Kohärenz und Konsistenz verzichten würde, wäre kaum ein Denken. Sollte es allerdings auf nichts als auf Konsistenz und Kohärenz vertrauen, bliebe es unkritisch oder naiv. Eine der fundamentalen Denkerfahrungen bleibt die des Fehlens eines endgültigen Fundaments. Die Feststellung, dass da ein Loch ist und bleibt, das sich nicht schließen lässt, eine Art Abgrund, über dem das Denken schwebt. Es markiert diesen Abgrund, indem es sich nicht blind in ihn versenkt, sondern indem es sich mit Begriffssprache auf ihn zubewegt, mit der Bereitschaft, seine Begriffe neu zu justieren, neue Begriffe zu erfinden, alte abzulegen. Nicht nur auf der Begriffsebene kommt es so zu Turbulenzen. Die gesamte Sprache, Grammatik und Lexik geraten ins Schlittern. Manchmal geht das Schlittern so weit, dass die Philosophie zu einer Art Dichtung wird, mehr die Dinge evozierend, als sie argumentativ ausweisend. Sie nähert sich so, ohne zwangsläufig an Präzision einzubüßen, einer noch unerschlossenen Wahrheit, die, statt bloß Aussagenwahrheit zu sein, deren unreflektiert gebliebenen Abgrund markiert, ihre ontologische Inkonsistenz, den blinden Fleck des Aussagensystems.

FW: Adorno schreibt in seiner frühen Kierkegaard-Schrift gleich zu Beginn: »Wann immer man die Schriften von Philosophen als Dichtung zu begreifen trachtete, hat man ihren Wahrheitsgehalt verfehlt.«

MS: Philosophie beginnt in dem Moment, in dem man sich dieser Alternative entschlägt. Kein ernst zu nehmendes Denken hat je zwischen ihnen gewählt. Auch das am allerwenigsten »poetische« nicht.

FW: Adorno war wohl nicht dieser Meinung, denn er sagt weiter: »Die Dichtung ist das, was als kümmerlicher Anhang nachgeschleift wurde hinter der Philosophie.«

MS: Realität ist so komplex, dass jedes Entweder-oder eine Komplexitätsreduktion darstellt, die das Denken in den Stumpfsinn zu treiben droht. Vielleicht müssen wir akzeptieren, dass die Unterscheidbarkeit von Dichtung und Philosophie nicht gesichert ist und dass diese Ungesichertheit zur Grunderfahrung des Denkens gehört, solange die Frage nach dem Grund sich mit der Frage nach dem Abgrund verbindet und mit der Frage, woher Sprache ihre Wahrheitsfähigkeit bezieht.

FW: Was könnte das Kriterium einer solchen Unterscheidbarkeit sein?

MS: Was Philosophie und Dichtung verbindet, ist unter anderem der an sie gerichtete Vorwurf, realitätsflüchtig zu sein.

FW: Nur dass man es der Philosophie vorwirft und von der Literatur geradezu fordert.

MS: Zur Philosophie gehört Begriffsmechanik und Flugbereitschaft. Hannah Arendt hat das »Denken ohne Geländer« genannt, was nicht bedeutet, dass Philosophie auf begriffliche Schärfe verzichten kann.

FW: In beiden Disziplinen geht es um Präzision und Fantasie.

MS: Deleuze, der die Philosophie als Erfindung von Begriffen definiert, beharrt darauf, dass jeder Philosoph ein Schriftsteller sei (gilt es nicht auch umgekehrt?). Es geht um die Erfindung einer neuen Sprache in der bestehenden. Statt realitätsflüchtig zu sein, präzisieren Dichtung und Philosophie ihren Realitätskontakt, indem sie sich den etablierten Vorstellungen von Realität entziehen.

FW: Realitätskontakt ist hier für mich ein Schlüsselwort, weil es nicht nur das präzisiert, um was es bei Dichtung und Philosophie geht, sondern auch der irrigen Vorstellung entgegenwirkt, die meint, Dichtung solle Realität abbilden und Philosophie sie systematisieren.

MS: Es gibt kein Denken und womöglich auch keine Literatur, die auf eine gewisse Systematik verzichten könnte. Nietzsches Satz (ich glaube, aus seiner *Götzen-Dämmerung*) »Der Wille zum System ist ein Mangel an Rechtschaffenheit«, der sich gegen die Begriffsarchitekturen des deutschen Idealismus wendet, verleitet dazu, zu übersehen, dass Hegels Systementwürfe Drahtseilakte sind. Selbst Hegel kommt nicht ohne Akrobatik aus, nicht ohne Fantasie. Hegel ist ein Seiltänzer!

FW: *Die Artisten in der Zirkuskuppel: ratlos.* Ich glaube, dass mir gerade nicht grundlos Alexander Kluge in den Sinn kommt, denn natürlich setzt man sich einer gewissen Ratlosigkeit aus, wenn man sich der Fantasie überlässt.

MS: Kein Denken ohne Blindflug. Ich glaube, wir überschätzen unsere Ratlosigkeiten oft. Schaut man genauer hin, erkennt man in ihnen zumindest den Ansatz von Lösungen und Auswegen. Dabei hilft es einem, sich mit Lösungen zufriedenzugeben, statt Erlösung zu verlangen. Oft hat der Ruf nach Erlösung die Funktion, faktischen Lösungsoptionen auszuweichen.

FW: Aber warum werden Dichtung und Philosophie überhaupt miteinander in Verbindung gebracht? Es besteht zwar die Vorstellung, dass Dichtung nicht philosophieren, Philosophie nicht dichten darf, doch scheinen beide, ähnlich wie kommunizierende Röhren, miteinander in Verbindung zu stehen, sich also gegenseitig zu beeinflussen. Muss vielleicht gerade deshalb auf einer strikten Trennung beharrt werden? In einem Artikel über den Symbolisten Arthur Symons etwa behauptet der Verfasser, dessen Erzählungen seien entstanden, weil Ende des 19. Jahrhunderts die philosophischen Systeme nicht mehr funktionierten und die Literatur quasi versucht habe, dieses Vakuum zu füllen. Dieser Gedanke hat mich verblüfft. Und er erscheint mir nur in geringem Maße stimmig, denn auch wenn die großen Systeme nicht mehr so ohne Weiteres entstanden, verschwand die Philosophie ja nicht von der Bildfläche.

MS: Man denkt, Philosophie habe mit Begriffen und Literatur mit Wörtern zu tun. Das ist eine Vereinfachung. Die philosophischen Begriffssysteme sind Konsistenzbehauptungen, die auf ontologische Inkonsistenz bezogen sind, auf die Ordnung der Kontingenz, des Chaos oder des Werdens, das heißt auf die Leere im Tatsachensystem. Jeder Begriff weist ex negativo ins Außerbegriffliche. Das ist der spezifische Realismus von Philosophie, mit Begriffen auf Wirklichkeiten zu rekurrieren, die sich ihrer Einsperrung in Begriffskäfige entziehen. Deshalb kann Philosophie nicht auf die Arbeit des Begriffs verzichten. Sie muss sich bewusst sein, dass jeder Begriff ans Nichtbegriffliche grenzt.

FW: Aber was ist das Nicht- oder Außerbegriffliche?

MS: Das, worauf jedes Subjekt bezogen ist. Was sich seiner Reduktion auf Denken und Sprache entzieht. Das kann das kantische Ding an sich sein, das Freud'sche Unbewusste, das Lacan'sche Reale, die nichtoperative Differenz des französischen Poststrukturalismus, das Nichtidentische Adornos etc. Es verweist auf ein Loch in der Realitätstextur, das ein Loch im Denken wie im Subjekt darstellt. Auf dieses Loch zeigt jeder Begriff.

FW: Er bleibt auf es bezogen, weil es ihm die eigenen Grenzen aufweist?

MS: Das Selbst ist von Andersheit, Identität von Differenz, Konsistenz von Inkonsistenz, Ordnung von Chaos, Präsenz von Absenz durchzogen. Philosophie ist die Weigerung, sich der aporetischen Dialektik dieser Register zu entziehen.

Systembauten sind Begriffsdichtungen, weil sie eine unbegreifliche Größe indizieren, die als Negativität oder Leere oder Nichts angesprochen werden kann. Sie evozieren, was inkommensurabel bleibt, unsagbar. Deshalb ist noch das metaphysikkritischste Denken Metaphysik. Philosophie darf sich nicht auf Wissensaneignung reduzieren. Immer geht es darum, seine Wissensbestände der Erfahrung des Nichtwissens auszusetzen, ohne die geringste Bereitschaft, in den Obskurantismus zu gehen. Philosophie ist per definitionem antiobskurantistisch. Sie muss alle Obskurantismen befragen, den Obskurantismus des Wissens wie den des Nichtwissens, weshalb sie eher einer Erfahrung statt einer Wissensprozedur gleicht. Nie koaliert sie mit dem Kult des Vagen, der Esoterik des Bauchgefühls, der Mystik transzendenter Empfindungen. Sie widersetzt sich dem schummrigen Okkultismus. Zugleich entzieht sie sich den platten Rationalismen und Vulgärpositivismen. Sie ist weder idealistisch noch realistisch. Sie drückt Widerstand gegenüber dieser falschen Alternative aus. Ihr Parcours verläuft zwischen den Ordnungen des Möglichen und Unmöglichen, zwischen 1 und 0.

FW: Da ist immer etwas, das entweicht, der berühmte unauflösbare Rest.

MS: In Hegels Enzyklopädie-System gibt es noch Naturphilosophie, die später Naturwissenschaft heißt. Ein Teil davon ist die Botanik. Eine Anekdote besagt, dass ein Student Hegel gegenüber geäußert habe, dass es irgendwo in Südamerika, glaube ich, eine Pflanze gebe, die mit Hegels Begriff der Pflanze inkompatibel sei. Hegel soll geantwortet habe: Bedauerlich für die Pflanze!

FW: Diese Reaktion erscheint mir völlig einleuchtend. Absurd ist es doch eher, wenn man meint, irgendwo auf eine sogenannte Urpflanze gestoßen zu sein, die den Begriff der Pflanze sozusagen verkörpert, so wie Goethe in Italien. Das ist die Vorstellung der Klassik, dass das, was ich geistig entwickle, eine Art Wiedererinnerung der tatsächlich existierenden Strukturen ist. Deshalb auch der Kampf zwischen Goethe und Newton um die Farbenlehre, es konnte quasi nur eine von beiden richtig sein. Die Idee, dass es mehrere Ansätze geben kann, Natur zu begreifen, war undenkbar, und ist es ja für viele heute noch. Da ist Hegel weiter, denn es ist zwar schade für die Pflanze, dass sie nicht mit seinem System kompatibel ist, aber dennoch existiert sie ja – und wenn als verdrängter oder verfemter Teil.

MS: Jede Theorie basiert auf Ausgeschlossenem, das ex negativo ihre Konsistenz garantieren soll, ihre Richtigkeit. So funktionieren nicht nur die schlimmsten Ideologien, in denen stigmatisierte Randgruppen diese Funktion übernehmen. Man kann den verfemten Teil, das Abjekte, wie Julia Kristeva es nennt, noch anders sehen. Ist der Mensch das Abjekte der Natur? Herausgefallen aus seiner paradiesischen Integrität? Macht das Denken ihn zum kranken Tier? Ist der Sündenfall der Sturz ins (endliche) Wissen, oder interveniert der gestürzte Mensch als Platzhalter des Unendlichen im Endlichkeitsraum der Geschichte wie der Natur? Vielleicht müssen wir die Theorie oder das System selbst, wie jede Wissensarchitektur, als verfemten Teil einer intransparenten Totalität interpretieren und das Subjekt als deren Abjekt.

2. Der ausgetauschte Mantel

FW: In einem Rundfunkgespräch aus dem Jahr 1950 zwischen Adorno, Horkheimer und Kogon über die »Verwaltete Welt« zeigt sich Adorno über die Tatsache verwundert, dass in zeitgenössischen Romanen immer noch Individuen dargestellt werden, als wäre die Individualität überhaupt noch ein Kriterium von Freiheit. Horkheimer stimmt sofort mit ein und sagt ungefähr: »Ja, Sartre, der immer von freier Entscheidung träumt. Dabei haben die Menschen immer weniger Ausweichmöglichkeiten, weil sie den gesellschaftlichen Zwang auch in ihrem Privatleben reproduzieren.« Dieses Gespräch hat mir den Pessimismus der Frankfurter Schule in Erinnerung gerufen, den ich seinerzeit sehr anziehend fand. Und der dann doch in sehr vielem recht zu behalten scheint, wie sich herausstellt.

MS: Pessimismus ist der Optimismus der Hoffnungslosen.

FW: Das findet man ja auch bei Houellebecq, obwohl der die Frankfurter Schule höchstwahrscheinlich nicht kennt, aber immerhin Schopenhauer.

MS: Sein Buch zu Schopenhauer besteht zur Hälfte aus Passagen aus *Die Welt als Wille und Vorstellung* und anderen Texten. Houellebecq steht in einer Tradition französischen Denkens, die man nicht überhastet als reaktionär einstufen darf. Er selbst nennt sich einen Konservativen. Wie bei Emil Cioran geht es um kompromisslose Luzidität. Sie sind Cartesianer des Dunklen; auf eine andere Art ist es auch Paul Valéry. Ich halte Houellebecq für einen der wichtigsten Schriftsteller unserer Zeit. Oft wird, wer Licht in dunkle Verhältnisse bringt, als dunkel markiert. Indem Houellebecq im Schopenhauer-Buch die »Veranlagung zur passiven und gleichsam gefühllosen Betrachtung der Welt« zur Bedingung der Möglichkeit künstlerischer Praxis erklärt, insistiert er auf Diskretion als künstlerischer Eigenschaft: »Das ambitionierte, aktive und netzwerkende Individuum, das darauf aus ist, in der Kunstszene ›Karriere zu machen‹, wird sein Ziel so gut wie nie erreichen. Den Sieg tragen nahezu antriebslose, zum ›loser‹ geborene Nieten davon.« Bevor man Houellebecq Künstlerromantik vorhält, sollte man sich die Konsequenzen seiner Aussage vor Augen führen. Houellebecq widerspricht der Erfolgsreligion derer, für die Kunst Mittel zum

Erfolg ist oder zu dem, was sie dafür halten. Dass der karriereorientierte Künstler nahezu nie sein Ziel erreicht, heißt nicht, dass ihm jeder Erfolg verwehrt bleibt. Was ihm – noch wenn Erfolg sich einstellt – nicht gelingt, ist die Verbuchung des Erfolgs als Erfolg. Der Grund liegt im Vertrauen darauf, dass der Erfolgreiche erfolgreich ist. Nur Idioten halten sich für erfolgreich aufgrund faktischen Erfolgs! Es ist kein Zufall, dass Houellebecqs Überlegung in einem Schopenhauer gewidmeten Text steht. Schopenhauer ist der Philosoph der Vanitas. Er weiß, dass alles nichts ist. Dass der Künstler sich die »Gabe einer reinen, unverdorbenen Beobachtung« erhält, bedeutet, dass er kalt auf seine Leidenschaften, oder wie Kant es nennt »Neigungen«, blickt. Die Voraussetzung künstlerischer Arbeit ist der kalte Blick: Disziplin gegenüber den eigenen Pathologien sowie die Bereitschaft, sich der Versuchung zur Expression eines immer phantasmatischen Innen zu entziehen. Zwar betont Houellebecq, dass für Schopenhauer das Kunstwerk »mit der Natur« die »naive Unbefangenheit gemein haben« soll, doch seine Natürlichkeit verweist, statt auf falsche Unmittelbarkeit, auf die Präsenz eines Außen, das das Unmittelbarkeitspathos ebenso wie die ihm korrelative Metaphysik der Innerlichkeit unterbricht. Es geht um die Erfahrung ontologischer Inkonsistenz, die Schopenhauer mit der Kategorie des Willens und Nietzsche mit dem dionysischen Ungrund assoziieren. Was Houellebecq über den Loser sagt, kann auch heißen: Er ist im Kontakt mit seiner Ohnmacht, ohne sich gegen sie zu stemmen. Hier liegt der Grund seines Erfolgs.

FW: Ich würde Houellebecq niemals einfach so abtun wollen. Seine Auseinandersetzung mit den unterschiedlichsten Themen, angefangen von *Ausweitung der Kampfzone* bis hin zur von dir angesprochenen Beschreibung der Kunstszene in *Karte und Gebiet*, fand ich durchaus lesenswert. Allerdings würde ich genau bei deiner Beschreibung des Letzteren ansetzen wollen, denn ich kann mich des Verdachts einfach nicht erwehren, dass Houellebecq in gewissem Sinne die Schraube um eine Umdrehung weiterdreht, also den Glauben an die Erfolgsreligion als idiotisch darstellt und den Loser feiert, den er ja selbst verkörpert mit seiner Plastiktüte und dem abgeschrappten Parka, damit aber von der eigentlichen Komplexität ablenkt, die darin besteht, dass die aktuelle Erfolgsreligion sich gerade verändert und mittlerweile auch darin bestehen kann, sich dem herkömmlichen Erfolg zu verweigern und als augenscheinlicher Loser daherzukommen. Verkörpert Houellebecq damit nicht genau das, was Andreas Reckwitz in seiner *Gesellschaft* *der Singularitäten* beschreibt: »Singularisierung meint aber mehr als Selbständigkeit und Selbstoptimierung. Zentral ist ihr das kompliziertere Streben nach Einzigartigkeit und Außergewöhnlichkeit, die zu erreichen freilich nicht nur subjektiver Wunsch, sondern paradoxe gesellschaftliche *Erwartung* geworden ist«? Die Darstellung seiner vermeintlichen Ohnmacht findet ja unter den Augen der Öffentlichkeit statt und scheint mir *so* ohnmächtig gar nicht, wenn man seine Biografie zum Beispiel mit der Walsers oder Kafkas vergleicht. Wobei ich auch deren Leben nicht glorifizieren will, weil immer zu viele Faktoren eine Rolle spielen. Ich finde es aber verdächtig, wenn ein Künstler oder Schriftsteller als Prophet gefeiert wird, der »wie kein anderer« unsere Epoche beschreiben kann, immer genau die brennenden Themen bearbeitet und uns vor allem, wie es in Bezug auf Houellebecq regelmäßig heißt, »den Spiegel vorhält«. Wenn Houellebecq gerade massentauglich geworden ist, dann weil man sich von ihm eine Gebrauchsanweisung für das Leben erhofft. Man diskutiert über das Klonen und den Umgang mit Genetik, wunderbar, da schreibt er die *Elementarteilchen*, man hat mit Islamisten zu tun, da kommt auch schon der passende Roman dazu, Sextourismus ebenso. Es war ja unglaublich, mitanzusehen, mit welcher kindlichen Erwartung scheinbar ganz Europa zeitgleich *Serotonin* entgegenfieberte und wie ratlos die Reaktionen waren, weil man unbedingt auch hier eine entsprechende Prophezeiung finden wollte, weshalb man dann halbherzig etwas hineingeheimnist hat. Das ist natürlich gegenüber der Literatur Houellebecqs ein Missverständnis, wie immer, wenn man Literatur auf Themen und aktuelle Bedeutung reduziert, aber ganz kann man ihn da auch nicht aus der Verantwortung nehmen, weil er genau damit spielt und sich als Schriftsteller der »ontologischen Inkonsistenz« geriert. Es ist aber schon ein Unterschied, ob ich die Annahme der eigenen Ohnmacht durchlebe oder darstelle. Wahrscheinlich ist der wirkliche Mangel von *Serotonin* aber das Fehlen einer literarischen Grundierung, also das, was etwa bei *Unterwerfung* Huysmans war.

MS: Houellebecq bewegt sich auf der Höhe der Komplexität einer Realität, die man nicht ausschließlich oder primär als politische Realität beschreiben kann. Was Lacan die symbolische Ordnung nennt, ist der ebenso kulturelle und gesellschaftliche wie politische Raum. Das Logos-Universum der Sprache und Kommunikation, unsere geteilten semantischen Realitäten und Evidenzen. Er entspricht dem, was Adorno Gesellschaft nennt. Das ist die Dimension funktionierender Abläufe, in die das Denken interveniert: Raum objektiver Unfreiheit, kulturindustrieller Zurichtung, Domäne aktiven Nichtdenkens, aber auch faktischer Alltäglichkeit. Die Frage ist: Gibt es Freiheit in objektiver Unfreiheit? Gibt es ein wahres Leben im falschen? Meine Antwort: Wo sonst? Ich glaube, dass der Pessimismus von Adorno selbst nicht durchgehalten wurde. Das belegt nahezu jeder Satz der *Ästhetischen Theorie*. Es gibt da ein Ineinandergreifen von Kritik und Affirmation. Oft beginnt ein Satz kritisch und schließt affirmativ oder umgekehrt. Innerhalb eines Satzes wird ein Spannungsverhältnis zugelassen, das den Kräfteverhältnissen der Wirklichkeit korreliert. Die Spannungszone »Realität« erweist sich als Elektrizitätszone des Denkens. Das ist negative Dialektik: Die Negation arbeitet nicht einer triumphalen Synthesis zu. Sie markiert die Unlösbarkeit eines Konflikts und dieser Konflikt wiederum markiert die Komplexität einer Realität, an der das Denken, sofern es nicht träumerisch und idealistisch sein will, nicht vorbeidenken kann.

FW: Damit würde sich gleichzeitig auch die Frage beantworten, die wir anhand der Unterschiede und Gemeinsamkeiten von Philosophie und Dichtung besprochen haben, dass das Spannungsverhältnis gerade deshalb ausgehalten werden muss, weil sich nur so die komplexe Realität in ihm abbilden lässt.

MS: Das ist bei Houellebecq der Fall: Schwierigkeiten, Aporien, Unlösbarkeiten zuzulassen. Sie nicht zu sublimieren oder zu zensieren. Die Schilderung des Amoralismus der Verhältnisse sollte nicht moralisch verworfen werden (für mich ist Moralismus der eigentliche »Amoralismus«). Houellebecqs Sexszenen sind bekannt. Worum es wirklich bei ihm geht, mit seinem an Auguste Comte geschulten Positivismus, ist, der Wirklichkeitsprüderie zu opponieren, die nicht sehen will, dass Wirklichkeit es nicht zwingend gut mit uns meint.

FW: Aber ist Houellebecq nicht gerade dafür ein Gegenbeispiel? Meint es die gesellschaftliche Wirklichkeit nicht doch relativ gut mit ihm, obwohl er vorgibt, gegen sie zu opponieren? Hier greift der Begriff des *Enfant terrible*, den die Gesellschaft gewähren lässt, weil sie sich neue Impulse von ihm erhofft, ihn als »so erfrischend unkonventionell« empfindet. Bernard-Henri Lévy, als Meisterdenker nach außen hin doch eigentlich das genaue Gegenteil von Houellebecq, hat das recht schnell begriffen, und so kam es zu diesem öffentlichen Schaukampf in Form eines Briefwechsels, der sich schon im Titel verrät:

Ennemis publics, was schließlich auch bedeuten kann, wir sind nur in der Öffentlichkeit »ziemlich beste Feinde«, während wir uns in Wirklichkeit gut verstehen. Ähnlich positioniert sich Houllebecq nach außen hin als Gegner von Baudrillard, während ich vermute, dass er ihn morgens nach dem Aufwachen und abends vor dem Schlafengehen liest. Schopenhauer, das ist die Philosophie, die Houellebecq sich als Lebenshaltung zugelegt hat und die er nach außen hin als Statussymbol präsentiert, aber die Umsetzung der Erkenntnisse aus *Simulacres et Simulations* ist das, was ihn tatsächlich antreibt.

MS: Ich lese Houellebecq nicht als politischen Autor. Wie Heiner Müller kann ich nicht moralisch lesen. Deshalb ist Müller für mich ein heute nicht weniger als zu seinen Lebzeiten aktueller Autor. Wegen des klinischen Blicks, den er aufs Wirkliche wirft. Mit Niklas Luhmann teilt er emotionale Enthaltsamkeit oder, mit Foucault: die kalte Intelligenz des Samurais. Wenn es eine Moral des Denkens gibt, dann liegt sie nicht in moralischer Verklärung, sondern im Bemühen um Klarheit, was das Verständnis des Wirklichen, seine Analyse und politische Gestaltung betrifft. Sonst liefe man Gefahr, den größten Teil der Wirklichkeit erst gar nicht zu sehen. Mit Duras, Müller, Luhmann und Foucault verbindet

Houellebecq kompromisslose Intelligenz, also die Weigerung, sich irgendeiner Doxa zu assimilieren, sei sie rechts oder links. Genau genommen ist sie immer rechts, noch dann, wenn sie sich als links geriert, weshalb es kein Denken geben kann, das nicht links wäre, sofern links sein bedeutet, sich in die kritische Dialektik nicht nur als Subjekt, sondern auch als Objekt zu inkludieren. Das verlangt ein Minimum an auf sich selbst angewandte Kritik.

FW: Findest du nicht, dass die Begriffe rechts und links immer mehr an Bedeutung verlieren, wenn man anhand von ihnen aktuelle gesellschaftliche Zustände analysieren will? Natürlich weiß man, was darunter zu verstehen ist, tatsächlich verlaufen die Grenzen aber längst nicht mehr so linear, sonst wäre es ja zum Beispiel unmöglich zu fragen – wie neulich in einer französischen Talkrunde geschehen –, ob Macron rechts oder links sei. Die Antworten teilten dementsprechend auch weniger über Macron mit als über die Antwortgeber, denn natürlich ist jemand, der Macron für links hält, kaum selbst links, ob er allerdings deshalb gleich rechts ist, würde ich nicht entscheiden wollen. Früher waren das einmal Kampfbegriffe, heute sind es bestenfalls Tarnbegriffe, hinter denen man seine ureigene Agenda verfolgt. Wir leben ja nicht mehr in der Ära

Kohl/Grass, wo alles klar verteilt war, sondern in der Ära Macron/Houellebecq, wo eine solche Einteilung nicht mehr greift – auch wenn ich natürlich deiner Definition von links, sich selbst mit in die Kritik einzubeziehen als grundlegendes Merkmal, zustimmen würde. Zudem liegt der Fehler in der Houellebecq-Rezeption – und da ist natürlich nicht nur er betroffen –, in der Verkürzung eines doch komplexen Gebildes, wie es ein Roman nun einmal ist oder zumindest sein kann, auf *eine* Aussage, an der sich anschließend entsprechend abgearbeitet wird. Nicht nur, dass Autor und Erzähler immer wieder gleichgesetzt und Darstellung mit Affirmation verwechselt werden, es herrscht ein eigenartiger Begriff von Realismus vor, der genau das, was gerade nicht »realistisch« ist, also komplex, widersprüchlich, unentschieden und so weiter, als realistisch bezeichnet. Es ist ein Begriff, der sich aus dem Umgang mit Historie als konsistentem Narrativ entwickelt hat. Überall treffen wir auf diese Sehnsucht nach Orientierung und Ordnung, die doch gerade Kunst und Literatur verweigern müssten, wenn sie »realistisch« sein wollen. Wenn einen jemand auffordert, »realistisch« zu sein, dann fordert er einen doch in der Regel auf, gerade nicht »realistisch« zu sein, sondern eine unrealistisch eingeschränkte Sicht der Dinge zu übernehmen – in der Regel seine eigene. Das kann und muss man auch auf solche prägnanten Sätze wie das von dir quasi en passant als unwahr bezeichnete Adorno-Zitat über das Leben im Falschen beziehen, was ja auch Debord miteinschließt, der in *Die Gesellschaft des Spektakels* etwas ganz Ähnliches formuliert, nur dass bei ihm alles auf dem Kopf steht.

MS: Dass es kein Außen gibt, dass alles vom Spektakel affiziert ist, vom Kapital, führt Sartre zur Bejahung von Freiheit in objektiver Unfreiheit. Diese Bejahung ist eine ganz andere als die oben genannte. Sie wendet sich gegen die Diktatur der Situation. Es gibt Freiheit nur in objektiver Unfreiheit, dort, wo sie unmöglich zu sein scheint. Hier gibt es eine Analogie zu dem, was ich Deleuze betreffend meinte: eine Sprache in der Sprache erfinden. Das lässt sich parallel zu Sartres Freiheitsbegriff lesen. Freiheit behauptet sich im Raum konstituierter Freiheit, der Raum objektiver Unfreiheit ist. Das heißt auch der Lüge des Determinismus, der *mauvaise foi*. Übrigens gehört – als weitere Analogie – zur Politizität von Barthes' Semiologie, dass sie als »Wissenschaft von den Zeichen nur durch die Kritik, also ihrer eigenen Sprache, vorankommen kann«, wie er sagt. Hier liegt ihre mehr oder minder explizite Politizität. Der Antagonismus oder Konflikt, das heißt die Kritik, betreffen sie selbst.

FW: Was die *mauvaise foi* angeht, da gibt es ja bei Sartre das Beispiel mit dem Kellner, der den Kellner nur spielt, vielleicht, weil er eigentlich Schauspielstudent oder was auch immer ist, und eigentlich nicht in dieses Umfeld gehört. Das geht einem ja selbst auch ständig so, gerade wenn über einen gesprochen oder eine Kategorisierung vorgenommen wird, dass man denkt: »Aber in Wirklichkeit bin ich etwas ganz anderes.« Žižek hat in dem Zusammenhang die Aussage infrage gestellt, dass jemand sich bei einem Videospiel abreagiert, indem er in eine Rolle schlüpft, und gefragt, ob nicht vielleicht sein sonstiges Leben eine Rolle ist und er genau bei dem Videospiel das sein kann, was er wirklich ist. Hier wird natürlich das ganze Konzept von einem »eigentlichen« Ich problematisiert, als könnte man das Eigentliche zwischendurch immer irgendwo parken, während man den trivialen Alltäglichkeiten nachgeht, die »eigentlich« unter dem eigenen Niveau liegen. So wie man sagt, dass man sich gut, aber unter dem eigenen Niveau amüsiert hat, so kann man dann am Ende sagen, dass man sein Leben unter dem eigenen Niveau verbracht hat, unter den eigenen Möglichkeiten. Aber Möglichkeit ist ja immer das, was eben möglich ist. Sartre hat mit der *mauvaise foi* etwas sehr Einleuchtendes beschrieben, aber mittlerweile hat sich diese *mauvaise foi* verändert: Der heutige Kellner, der weiß eben schon um das Klischee des kellnernden Schauspielers, und ich weiß es als Gast ebenfalls und nehme ihn gar nicht als Kellner wahr, sondern als Schauspieler, und beurteile ihn dementsprechend, ob er sich denn wenigstens gut bewegt, eine gute Aussprache hat, wenn er mir schon das Falsche bringt und mein Wasser zum Espresso vergisst. Das heißt aber nicht, dass die *mauvaise foi* deshalb nicht mehr existiert oder sich ein größeres Bewusstsein über sie eingestellt hätte, ganz im Gegenteil, jede Zeit generiert ihre eigenen Verblendungszusammenhänge.

MS: Bei Sartre ist der Kellner ein Kellner, der einen Kellner spielt. Wenn wir das ausweiten auf Gesellschaftstheorie, auf Geschlechtertheorie, auf Feminismus und so weiter, kommt man zum Schluss, dass Männer Männer spielen und Frauen Frauen, aber auch Frauen Männer und Männer Frauen performen. Nicht nur, weil alles queer ist und die Geschlechtsidentitäten komplex, polymorph, sondern weil es kein Jenseits des Spiels gibt, kein jenseits der Bühne – auch nicht, wenn ich alleine bin (da ist immer noch »Gott«, der mich sieht, oder das, was wir unser Gewissen nennen und Freud das Über-Ich). Die Authentizitätsillusion verdankt sich dem Phantasma, dass es im Intersubjektivitätstheater ein Jenseits der Bühne gibt. Beim jungen Sartre – du kennst *Die Wörter* – ist die Familie das Bühnenpublikum, die Mutter, der Großvater etc.

FW: Bei Lacan wäre es dann der große Andere, vor dem wir alle Theater spielen. Ich halte die Übersetzung von *mauvaise foi* als »Unaufrichtigkeit« nicht nur für problematisch, sondern selbst für einen Ausdruck der *mauvaise foi*, weil er so tut, als könne man einem Irrglauben durch eine moralische Wertung entkommen. Die Bezeichnung eines mangelhaften oder schlechten Glaubens lässt da mehr Spielraum. Die *mauvaise foi* könnte auch die von Lacan beschriebene Vorstellung beinhalten, etwas für den großen Anderen zu tun, ohne selbst daran zu glauben. Erving Goffman beschreibt in *Wir alle spielen Theater* eine Art Umkehrung: Der Krebskranke weiß, dass er Krebs hat, und weiß, dass seine Verwandten wissen, dass er Krebs hat. Aber die Verwandten sprechen es nicht an, und er spricht es nicht an. Man kommuniziert auf einer quasi neutralen Ebene, weil alles andere zu schmerzhaft wäre. Aber darin steckt ja nicht nur ein Moment der Verdrängung, sondern auch der Erkenntnis, dass es keinen gesellschaftlich adäquaten Umgang mit dem Tod oder dem Verlust gibt. Ein anderes Beispiel wäre: Die Erwachsenen tun so, als würden sie an den Osterhasen glauben, um den Kindern ihren Glauben zu erhalten, und die Kinder tun so, als würden sie daran glauben, um den Erwachsenen ihren Glauben an den unschuldigen Kinderglauben zu erhalten.

MS: So funktioniert Gesellschaft. Aus dem konservativen Zusammenhang seiner Zeit bringt Luhmann das Beispiel, wo die Frau in der Küche ist, und der Professor kommt nach Hause. Luhmann sagt, zunächst will er wissen, was die Post gebracht hat, aber er weiß, die Frau würde es als Kränkung verbuchen. Also geht er zunächst zu ihr, um sie zu begrüßen. Sie weiß, dass er das tut, um sie nicht zu verletzen, und er weiß, dass sie es weiß. Offenbar gelingt es uns nicht, die Trennung zwischen Realität und Fiktion oder Rolle und dem, was man eigentlich will oder zu wollen glaubt, zu vollziehen. Auf der Wollensebene wie auf der Begehrensebene nicht.

FW: Die Pointe ist, dass die Frau, obwohl sie es weiß, es dennoch als einen Liebesbeweis nimmt. Und wäre es nicht – um der Einfachheit halber bei diesem in konventionelle Rollen aufgeteilten Beispiel zu bleiben – heute vielleicht so, dass der Mann, der in den letzten Jahrzehnten unter Umständen eine gewisse Entwicklung durchlaufen hat, als Erstes zu seiner Frau geht, weil er das, quasi aus freien Stücken, gerne möchte, sie ihm aber unterstellt, dass er nur zu ihr geht, um sein schlechtes Gewissen zu beruhigen, und daraus folgert, dass er sie nicht »wirklich« liebt. Was ich damit sagen will: Glauben wir heute nicht viel stärker an eine Essenz als früher? Es kommt mir zumindest so vor. Früher ging man in die Kirche, weil es einer gewissen gesellschaftlichen Norm entsprach, machte sich aber über den Glauben im Allgemeinen keine großen Gedanken. Heute muss man gleich »wirklich« glauben. Heute könnte das, was man früher als Zeichen von Liebe angesehen hat, Anlass für einen Vorwurf sein: »Das machst du doch nur um meinetwillen«, weil man an eine Chimäre wie die wahre Liebe glaubt, an eine Essenz, aus der heraus man handelt, ohne die Akzidenzien, zu denen auch die realen Partner gehören, in Betracht zu ziehen. Während nach außen hin scheinbar alles infrage gestellt wird, herrscht in unserem Denken ein größerer Glaube als jemals zuvor.

MS: Wie die Depression ist die Liebe eine autoprothetische Fiktion. Man kann nicht sagen, dass sie nicht existiert. Fiktionen sind enorm wirkungsmächtig in unseren Sozioökonomien. Wenn jemand sagt: »Ich bin verliebt«, dann kann man erwidern: »Das bildest du dir ein, das sind elektrochemische Prozesse in deinem Gehirn, die dich glauben lassen, du seist verliebt« etc. Gleichzeitig ist die Person, die behauptet oder glaubt, verliebt zu sein, geschützt vor den kritischen Einwänden der Außenstehenden, die dieses Gefühl nicht teilen können. Das ist das Wunder, das Schöne, der Wahnsinn, die Dummheit, die Blindheit und das Glück der Liebe – dieses ganzen Komplexes, auf den wir nicht verzichten wollen. Niemand verzichtet darauf, fast niemand. Wir kreieren Realitäten, indem wir an sie glauben. So gesehen ist jeder Glaube performativ im Sinne der Sprechakttheorie. Plötzlich gibt es kein Kriterium mehr, um zwischen der Plausibilität oder Nichtplausibilität eines Gefühls oder einer Selbst- und Weltwahrnehmung zu differenzieren.

FW: Das ist wie mit dem bekannten Beispiel: Selbst wenn Gott herabstiege und verkündete »Ich existiere nicht« – was natürlich eine doppelte Paradoxie enthält –, würde das nichts an meinem Glauben ändern. Dennoch deutet sich hier die Auflösung bereits an.

MS: Wir glauben, weil es keinen Grund gibt zu glauben. Gäbe es einen Grund, gäbe es keinen Grund, es zu tun. So verfahren ist die Situation. Wenn ich Gewissheit habe, muss ich nicht glauben. Egal ob an Gott oder an die Liebe, ans Glück oder an die Gerechtigkeit. Die Kritik an der *mauvaise foi* ist nicht eine Zurückweisung des Rollenspiels: sie impliziert eine Auseinandersetzung damit, dass wir über kein Kriterium verfügen, Spiel und Ernst zu differenzieren. Wir bleiben in Rollenspiele verwickelt – das gilt für Kinder wie für Erwachsene, für »aufgeklärte« Intellektuelle wie für Leute, die weniger Zeit haben, über diese Dinge nachzudenken.

FW: Aber gerät man nicht automatisch in einen Konflikt, wenn man sich bewusst macht, dass die Einmaligkeit eines Gefühls wie das der Liebe sich nur gesellschaftlich normiert ausdrücken kann? Ich beneide jeden Mann, der in einen Laden gehen und sagen kann: »Geben Sie mir diesen Karfunkelstein, den schenke ich jetzt meiner Frau als Zeichen meiner Liebe.« Mir selbst wäre das nicht mehr so ohne Weiteres möglich, weil ich eine Diskrepanz meines Gefühls zur gesellschaftlichen Normierung spüren würde. Ich müsste also Theater spielen. Damit wiederum würde ich mein Gefühl verraten, das doch nicht inszenierbar zu sein hat. Kurzum, ich komme am Ende ohne Geschenk, aber mit reinem Herzen. Man braucht sich so etwas nur mal auszumalen, um gleich zu merken, dass in dieser geschenklosen Geste erst recht eine *mauvaise foi* zum Ausdruck kommt. Oder ist Liebe am Ende genau das, sich gesellschaftlich normiert verständigen zu können, ohne sich dabei gegenseitig zu verraten?

MS: Vielleicht weil es außerhalb dieser Ordnung gar nicht lesbar wäre. Hier kommt Humor ins Spiel. Man kann sagen, ja, ich weiß, Paris ist nicht die Stadt der Liebe, es ist ein Klischee etc. Man weiß, dass es lächerlich ist, sich in Venedig mit der Geliebten in eine Gondel zu setzen, die ganze Choreografie mit singendem Gondoliere skriptgetreu durchzuspielen. Humor hilft uns, es *dennoch* zu tun. Wir spielen Rollen und sind dabei durch kulturgeschichtliche Muster determiniert. Wir kopieren, sagt Luhmann, wie Emma Bovary es tut. Einige Bücher von Eva Illouz handeln davon. Wir wissen, was wir zu tun haben, wenn wir jemandem gegenüber einen Liebesbeweis erbringen wollen. Wir wissen, was wir über was zu denken haben, wie wir zu fühlen haben, wie wir was zu empfinden haben etc. Wir bekommen gesagt, was wir zu begehren haben und auf welche Weise wir dieses Begehren artikulieren können. So funktioniert der aktuelle »emotionale Kapitalismus«, wie Eva Illouz es nennt. Er nimmt uns die Entscheidungsfindung ab, indem er uns zwischen präselektierten Optionen wählen lässt. Im Unterschied zu einer solchen Wahl würde eine Entscheidung zur Abwahl des Wahlsystems führen. Eine Entscheidung ist immer revolutionär, während die Wahl den Status quo ratifiziert.

FW: Ja gut, aber das Problem ist natürlich, dass er uns die Entscheidungsfindung nur deshalb abnehmen kann, weil das Begehren leer ist. Wir müssen ohnehin immer lernen, was wir eigentlich begehren sollen.

MS: Aber wenn es keine Authentizität des Begehrens gibt …

FW: Es gibt keine Authentizität des Begehrens!

MS: … dann gibt es auch keine Inauthentizität des Begehrens.

FW: So wie Böll gesagt hat: Es gibt keine Kollektivschuld, aber es gibt auch kein Kollektivvergessen.

MS: Inauthentizität ist natürlich nicht weniger fiktional. Wir haben hier eine dialektische Komplexität, mit der man sich auseinandersetzen muss.

FW: Als Alternative zum Humor gäbe es auch noch die Flucht in eine gewisse Tragik, in eine Form der permanenten Verneinung. Liebende, die sich nur streiten, weil ihnen der Streit, die Auseinandersetzung, authentischer erscheint als die vermutlich falsche Harmonie. Es ist ja auch der Reiz und damit gleichzeitig die Gefahr der Depression, dass sie unheimlich »klug« ist und dich auf alles hinweist, was falsch, unwahr, illusionär und so weiter ist. Dabei geht sie aber immer noch von einem Wahrheitsgedanken aus, den sie so absolut setzt, dass man sich praktisch nur aus dem Leben verabschieden kann.

MS: Jedenfalls gefährdet der Humor die Depression. Es gibt *die* Depression im Singular kaum. Eher handelt es sich um unterschiedliche Formen von Depression, die wir unterscheiden müssen. Oft ist sie eine sich selbst stabilisierende Entität. Wenn jemand in einer narzisstischen Depression steckt, will er nichts weniger, als dass man ihm den Ausweg zeigt, die offene Tür. Dass es eine Lösung gibt, kommt einer narzisstischen Kränkung gleich.

FW: Die Depression wird durch Banalisierung bedroht. Deshalb antwortet sie auf Banalisierung mit noch mehr Depression.

MS: Weil die Identität der Person angegriffen wird, die sich an ihre Depression klammert wie ein Kind, das sich nicht von der Mutter lösen will. Der Depressive wacht eifersüchtig über seine Depression wie über seinen einzigen Besitz.

FW: Gerade wenn man verzweifelt ist, empfindet man einen banalen Ratschlag wie eine Demütigung. Und er ist natürlich auch eine Demütigung. Aber man müsste in dem Moment unterscheiden können zwischen der Demütigung durch das Gefühl, in seiner Depression nicht ernst genommen zu werden, die durchaus berechtigt ist, und der Demütigung, dass die Depression einen vielleicht doch nicht adelt, sondern eine Krankheit ist, die es als solche zu behandeln gilt.

MS: Wir müssen zwischen Eitelkeit und Narzissmus differenzieren. Die Position des Narzissten (es gibt keinen Narzissmus, der nicht eine Depression darstellte!) ist die des unglücklichen Bewusstseins. Der Depressive ist zwischen seinem Ideal-Ich und dem, was er im intersubjektiven Gesellschaftsraum ist oder zu sein scheint, hin- und hergerissen. Die soziale Realität, die anderen riskieren, ihn mit seiner Banalität zu konfrontieren, mit seiner Normalität. Realität wird als narzisstische Kränkung registriert. Sie wird zum Problem. Lacanianisch formuliert: Der Narzisst flieht aus dem unerträglichen Realen (die Wahrheit) ins Imaginäre seiner phantasmatischen Selbstkonstruktion, was ihm nie vollständig gelingt. Eitelkeit ist ein anderes Phänomen. Eitelkeit stabilisiert sich angesichts des Realen in nicht minder phantasmatischen, symbolischen Konsistenzen. Der Eitle glaubt wirklich an das, woran er glaubt, während der Narzisst um die Inkonsistenz seiner Konstruktion weiß, weshalb er diesem Wissen opponiert. Es gibt weder ein Jenseits der Eitelkeit noch des Narzissmus, für niemanden. Doch es gibt die Möglichkeit, sich mit Humor dem Realen zu nähern. Ich schlage vor, diese Näherung Denken zu nennen.

FW: Es mag durchaus sein, dass wir alle eitel sind, aber es gibt, glaube ich, schon ein unterschiedliches Erleben und damit auch Ausleben der Eitelkeit: Man kann sich in der eigenen Eitelkeit sonnen oder sie als sündhaft erleben, man kann ihr gegenüber ignorant sein oder sie in einem nötigen Maß praktizieren und so weiter. Auffällig ist bei solchen Eigenschaften aus dem Bereich der Todsünden, dass sie einem in der Regel von anderen zugeschrieben werden, nicht zuletzt, weil sie auf den anderen einwirken, ganz so wie Ambrose Bierce den Egoisten definiert hat: »Ein unfeiner Mensch, der für sich mehr Interesse hat als für mich.« Warum aber ist zum Beispiel die Melancholie keine Todsünde? Natürlich gibt es die *Acedia*, die aber nicht umsonst Mönchskrankheit genannt wird – nicht weil sie vor allem Mönche befällt, sondern weil sie für die Mönche überhaupt eine Rolle spielt, während ansonsten die Trägheit auch nur wieder in Hinsicht auf den Schaden an der Gesellschaft betrachtet wird. Tatsächlich geht es aber darum, die Definition von Sünde – und das würde im heutigen säkularisierten Sprachgebrauch bedeuten: von Krankheit – anders zu fassen, nicht als ein Merkmal, das ausschließt, sondern das es zu erkennen gilt, im Sinne einer Selbsterkenntnis und nicht im Sinne einer Selbstoptimierung, die in der Tradition der Sünde steht.

MS: Eitelkeit und Erfolgsreligion sind nicht nur Themen unserer Zeit. Woran immer man die Vorstellung von Erfolg knüpft, ob an Reichtum oder Anerkennung, der Wunsch nach Anerkennung läuft immer mit. Man versucht sich einzureden, das Loch schließen zu können, das der Tod Gottes aufgerissen hat. Man muss sich dazu verhalten: zur Leere, zum Nichts. Also sucht man nach Substituten fürs verloren gegangene Absolute. Das können Kunst, romantische Liebe oder, kaum banaler, Haustiere sein. Es reicht nicht aus, in einen naiven Atheismus zu gehen. Niemand ist Atheist. Hier liegt das Problem. Wir wechseln nur von einem Glaubenssystem ins nächste. Mein Haustier kann mein Gott sein. Nietzsche hat hierzu das Wesentliche gesagt. Wir sind nicht bereit, auf der Höhe der Inexistenz Gottes zu existieren, wir fliehen in die Substitutionslogik, also in den Götzendienst. Neben der Kunst, der romantischen Liebe, den anthropomorphisierten Haustieren sind heute, zumindest in den saturierten westlichen Gesellschaften, die Gesundheit und der Körper (Nietzsche hat es antizipiert) quasireligiöse Substitute. »Man spricht heute«, bemerkt Derrida 1982, »mit der gleichen Leichtgläubigkeit, dem gleichen Dogmatismus oder bestenfalls mit dem gleichen Glauben vom ›Körper‹, wie man zuvor von der ›Seele‹ sprach, was ungefähr auf das gleiche hinausläuft.« Wo vom Körper die Rede ist, macht sich Dogmatismus breit. Man kann es überall beobachten: im Sex, im Tanz, in der Diätetik, in der Mode, im Sport, in der Politik, in der Pornografie. Rund um den Körper konkurrieren die befremdlichsten Esoterismen. Man könnte meinen, wir seien in das Stadium einer Körperesoterik getreten, deren Funktionen mannigfaltig sind. Der Körper ist eine Glaubenssache. Nachdem man einzusehen begonnen hat, dass das Subjekt, das Ich, die Person, das Selbstbewusstsein, das Individuum, die Vernunft und die Seele wie alle weiteren um »Identität« kreisenden Vokabeln sich durch ihre Inkonsistenz dekonstruieren, denkt man, man habe mit dem Körper eine verlässlichere Größe adressiert, um sie zum Referenten einer neuen Magie zu deklarieren. Dabei ist nichts weniger stabil als der Körper. Er ist die Ungewissheit selbst. Nicht, dass er nicht existierte. Es gibt ihn wie Wolken, Tiere und Steine. Im Sex zeigt sich seine Prekarität und Inkonsistenz. Wenn wir Sexualität als Interaktion mehrerer Körper definieren, die zu Erregungen, Erektionen, Genuss und Orgasmen führt, dann deshalb, weil zum Körper das Vermögen der Selbsttranszendenz gehört: Öffnung auf das Andere seiner selbst, die gespürt, empfunden, genossen wird. Zum Sex gehört das Verführtwerden als Bereitschaft, sich auf ein Abenteuer einzulassen, das aus dem Subjekt einen Vektor ins Ungewisse macht. Die Verführung schreibt ihm Blindheit ein, ein Rutschen oder Gleiten, das genossen werden kann. Für einen Moment ergibt sich das Subjekt den Forderungen des Augenblicks. Ohne zu wissen, wie ihm geschieht, weiß es um die Notwendigkeit des Geschehens. Es handelt sich um eine Notwendigkeit, die dessen Kontingenz indiziert. Der Sex führt das Subjekt in ein Jenseits der Kontrolle. Er führt es aus seinem Möglichkeitsbezirk heraus. In der Verführung erfährt es sich als Öffnung aufs Unmögliche. Was passiert mit ihm, wenn nicht die Durchbrechung seines Selbst auf den Anderen hin, der zum Index einer inkommensurablen Erfahrung wird? Der Andere, das bin nicht ich. Seine Andersheit führt mir im Akt der Verführung meine Andersheit vor. Die Berührung eines Fremden erweist mich selbst als

Fremden. Im Durchgang durch die Fremderfahrung, in der Bereitschaft, mich im Anderen zu entfremden, steigert sich das Begehren zur Lust. Der Sex unterbricht das narzisstisch-romantische Begehren durch seine Erfüllung. Er ist antiromantisch. Aber er ist es im Einverständnis mit der Ökonomie eines Begehrens, das ins Äußerste reicht. Der Verführung ist das Versprechen extremer Erfahrungen inhärent. Das macht aus ihr die heikle Irritation, die das Subjekt zwingt, sich zu verlassen, um es selbst zu sein. Wenn es etwas gibt, was dem Körperobskurantismus seine Grenzen vorhält, dann eine Metaphysik des Körpers, die man nicht überhastet idealistisch, religiös oder spirituell nennen kann, denn sie entgrenzt das Subjekt auf ein Außen, das seine ontologische Prekarität erweist. Die spinozistische Frage, wozu ein Körper fähig sei, muss im Horizont postmetaphysischer Metaphysik so beantwortet werden: Der Körper ist ein bei andauernder Persistenz zur Selbsttranszendenz fähiges System.

FW: Aber wie kann sich der Körper transzendieren, wenn wir beständig über ihn reden und ihn damit gleichzeitig zum Schweigen bringen? Ist es nicht beim Körper wie bei einem Werkzeug, dessen Wesen wir in der Regel nur durch seinen Gebrauchswert für uns bestimmen, sodass erst dann, wenn der Körper droht, diesen Gebrauchswert einzubüßen, durch Krankheit zum Beispiel, wir ihn für einen Moment reden lassen, um dann lediglich in einen anderen Diskurs über ihn, einen nosologischen, einzutreten? Können wir also die Selbsttranszendenz des Körpers nur in dem Moment erfahren, in dem er sich von uns löst, sich auflöst? Man kann dem Körper natürlich auch davor zuhören, indem man ihn machen lässt und selbst nichts macht. Eigenartigerweise wird diese Körperwahrnehmung dann als eine Art mystische Erfahrung erlebt. Könnte es sein, dass uns der Körper unter Umständen so fern ist, dass wir seine Nähe mit einer Gotteserfahrung verwechseln? Dann wäre der Verstoß aus dem Paradies nichts anderes als die Trennung von Geist und Körper, und das, was wir als verloren vermuten, als etwas, das wir anstreben müssen, ist in Wirklichkeit das, was uns am nächsten ist. Schon deshalb gibt es kaum etwas Uninteressanteres als diesen naiven Atheismus. Ich bin immer überrascht, wenn irgendwelche Leute über Videos begeistert sind, in denen ein Biologe angeblich in fünf Minuten den Glauben auseinandernimmt. Darum geht es doch überhaupt nicht. Man kann vermuten, dass hinter dieser unglaublichen Naivität dieser selbst ernannten Atheisten immer noch ein sehr antiquiertes und vor allem unhinterfragtes Glaubensresiduum steckt. Gerade auch in diesem Zusammenhang wäre die Frage wichtig, inwieweit Humor nicht doch eine sehr wichtige Kategorie ist.

MS: Humor hilft einem, sein Leben zu überleben. Damit klarzukommen, dass es nicht läuft, wie man es sich wünscht. Erwartungen werden enttäuscht. Man muss mit Unberechenbarem rechnen. Mit allem, was das Leben nicht leichter macht. Humor ist der Umgang mit Unausweichlichkeiten auf eine Art, die weniger bedrückend oder weniger niederschmetternd ist als Zynismus, weniger süffisant als Ironie.

FW: Also geht es auch wieder um das, was wir vorhin schon festgestellt haben – um ein Annehmen.

MS: Ein Annehmen und Hinnehmen. Wie bei Wittgenstein.

FW: Man kann das Wollen nicht wollen, wäre ein anderer Satz von Wittgenstein. Und genau darum geht es: Auch wenn man das Wollen nicht wollen kann, kann man jenseits des Wollens etwas an- oder hinnehmen.

MS: Man tut es, ob man will oder nicht.

FW: Und dass man es tun kann, ist ein Zustand der Gnade. So könnte man auch den letzten Satz des *Tractatus* interpretieren, Schweigen wäre ein Hinnehmen dessen, was ohnehin schon gesagt wurde. Und das kommt ja auch bei Nietzsche vor: die Annahme der ewigen Wiederkehr des Gleichen, die er als das größte Schwergewicht bezeichnet, und das, obwohl es ja ohnehin passiert. Aber die bewusste Annahme, oder anders ausgedrückt, die Fähigkeit, dieses Schwergewicht zu ertragen, das würde ich als eine Form der Gnade bezeichnen.

MS: Es gibt Affirmationen, die wir nicht wahrnehmen, weil sie implizit sind. Wittgenstein sagt, wir bewegen uns in Sprachspielen, die wir nicht weiter prüfen (das Prüfen hat ein Ende, sagt er). Sie konstituieren unser Bezugssystem. Wenn wir verliebt sind, dann wissen wir, was zu tun ist, wie wir uns, trotz aller faktischen Ungeschicktheit, zu verhalten haben, um dieses Liebesgefühl zu kommunizieren. Ich stelle mir diese Lebensformen und Sprachspiele bei Wittgenstein wie Papierbötchen vor. In denen sitzen wir, während das Boot auf dem Wasser der Inkonsistenz treibt. Das Boot kann zerfallen und sinken. Zunächst aber müssen wir auf seine Konsistenz vertrauen. Zur Liebe bleibt zu sagen, dass man ihr Spiel nicht ohne Einsatz spielen kann. Man darf sich nicht aufgeben, noch wenn man alles zu geben bereit ist. Wer sich aufgibt, hat nichts mehr zu geben.

FW: Und trotzdem gibt es einen Reiz, sich gerade in diesen Zuständen irrational zu verhalten und auf eine letzte Form von Würde zu verzichten. Sehr viele Filme und Romane drehen sich genau um diesen Punkt, dieses irrationale Moment.

MS: In einem seiner Bücher, ich glaube in *Die Nacht der Welt,* bringt Žižek das Beispiel von einer Frau zwischen zwei Männern. Beide Musiker. Der eine ist bereit, für sie seine Musik zu opfern, der andere nicht. Sie entscheidet sich für den zweiten. Der erste löst sich mit seiner Selbstaufgabe auf und wird dadurch für sie uninteressant. Selbstaufgabe ist unsexy. Man kann sehr weit gehen in der Liebe, aber Selbstaufgabe ist keine Option. Man braucht ein Minimum an Substanz. Wenn jemand bereit ist, sich komplett aufzugeben, wird das nicht zum Erfolg führen, eher zur Verachtung.

FW: Außerdem stellt man damit seine Unzuverlässigkeit unter Beweis. Dennoch gibt es diese Versuchung der völligen Selbstaufgabe, die fast reflexhaft eintritt, weil man glaubt, je mehr ich von mir aufgebe, desto mehr stelle ich damit meine

Liebe unter Beweis, die Fähigkeit, ganz beim anderen zu sein. Eine Form der Entäußerung sozusagen. Und deshalb ist es vollkommen berechtigt, wenn Hegel in Bezug auf Christus am Kreuz die Frage stellt: Inwieweit kann Gott sich entäußern? Gibt es einen Punkt der Entäußerung, an der Gott nicht mehr Gott ist? Und auch wenn Hegel das in den dialektischen Prozess von Aneignung und Entäußerung überführt, bleibt diese Frage für die Theologie natürlich bestehen, und es ist auch die Frage, die sich für den Liebenden stellt.

MS: Da ist man fast in der scholastischen Metaphysik, beim Substanz- und Akzidensverhältnis. Wenn wir das auf das Liebesthema beziehen: Eros und Agape. Eros als egoistische, vom Sexualbegehren dominierte Liebe, und Agape als barmherzige, selbstlose Karitas. Egoismus ist Voraussetzung fürs Absehen vom Egoismus. Ich darf mich nicht substanziell auflösen. Im Übrigen wissen wir, was die politische Korrektheit nicht wissen will, dass der Sexualegoismus des anderen genossen werden kann. Ins Sexuelle spielen allerhand Monstrositäten hinein. Es gibt keinen Grund, sexualtheoretisch hinter Freud und Lacan ins Vorkritische zurückzukippen. Die Libidotheorie hat uns Instrumente gegeben, auf der Höhe der Komplexität des Sexualkomplexes zu denken, in dem diese Begriffe zirkulieren: Begehren, Trieb, Destruktion. Es ist wichtig, die Komplexität zu wahren im Denken, gleichgültig, ob es sich um wissenschaftliches, literarisches, philosophisches oder künstlerisches Denken handelt.

FW: Man merkt daran doch, wie sehr der Bereich von Sexualität – ich will gar nicht von Sexualmoral sprechen – von Vorstellungen in Bezug auf Egoismus oder Altruismus geprägt sind. Masturbation wird als niederschwellige Form von Sexualität angesehen, als eine Art Ersatz für Verlierer, entsprechend konnte es überhaupt zum Schimpfwort werden. Karl Kraus hat sich ja sehr viel und meist unreflektiert sexistisch zu dem Thema geäußert, ist dabei aber auf einige sehr aktuelle Gedanken gestoßen, unter anderem den, dass man eine überkommene Vorstellung der gemeinschaftlichen Sexualität überwinden muss, um wieder zum Genuss der Masturbation zu gelangen.

MS: Es gibt keine Sexualität, die nicht selbstaffektiv wäre, autoerotisch, masturbatorisch. Das ist eine der Aussagen Lacans. Die Behauptung, »*il n'y a pas de rapport sexuel*« (es gibt kein Geschlechterverhältnis), heißt nicht, dass kein Sexualakt stattfindet. Doch spielt immer eine dritte

Instanz hinein, die das Subjekt auf seine Fantasie zurückwirft, die den Sex prothetisch stützt. Wir sind mehr als zwei beim Sex. Irgendein namenloses Gespenst vögelt immer mit. Nie geht es um die Fusion der Geschlechter. Der Sex exponiert das Subjekt seiner Inkonsistenz. Ginge es nicht an seine Grenzen, handelte es sich um vegetative Gymnastik. Zum Sex gehört der Impuls ins Nirgendwo. Durch Berührung intensiviert der Sex den Kontakt zum Inkommensurablen, das ihm den Glanz des Faszinosums verleiht. Nancy ist sich darüber im Klaren, indem er schreibt, dass sich mit ihm »das Intime extimiert«. Das »Extime« ist Lacans Wort für ein Innen, das sich dem Zugriff des Subjekts entzieht, da es ein Außen markiert, auf das Blanchots Kategorie des *Dehors* zielt. Im Sex rührt das Subjekt an immanente Transzendenz. Das hat nichts mit religiöser Verklärung, Esoterik und Obskurantismus zu tun. Das Extime oder die immanente Transzendenz schreiben dem Sex – jenseits seiner Romantisierung – einen Unendlichkeitsvektor ein, der dem Subjekt die Vergeblichkeit seines Verlangens vorführt, eine Art sexuelle Vanitas, die den Tod herbeiwinkt, der längst da ist, im Herzen der Sexualität. Man kann kaum vermeiden, an die Allianz von Eros und Thanatos zu erinnern. Erst die Unmöglichkeit seiner vollen Realisierung ermöglicht den Sex. Der Genuss bleibt nicht aus. Nur die finale Erlösung lässt auf sich warten. Sie ist der Name des Unmöglichen, also Synonym für den Tod. Nancy evoziert ein Genießen jenseits der Ordnungen von Befriedigung und Unbefriedigtheit, jenseits von Ordnung überhaupt. Genuss, der das romantische Dispositiv sprengt, insofern Romantik ist, was das Subjekt und sein Genießen dem Register des Sublimen einschreibt. Der Genuss, von dem Nancy spricht, subordiniert sich keiner Ordnung, hat nichts mit romantischem Absolutismus zu tun. Er löst das Selbst von sich; nicht, um es der Kategorie des Erhabenen zu beugen, sondern um es mit der Absenz des Heiligen zu konfrontieren. Nancy spricht vom »Genuss des Unendlichen« (*jouissance de l'infini*) als »unendlichem Genuss« (*jouissance infinie*). Es geht um eine Lust, die sich aus der Leere des Subjekts wie der Inkohärenz seiner Realitäten speist. Zu ihr gehört das Gefühl einer Freiheit, die an Indifferenz reicht. Mit ihr erfährt das Subjekt eine Art von Selbstablösung, die es für andere befreit. Unendlich ist dieser Genuss nicht, weil er endlos wäre, sondern eine punktuelle Intensität, die ihn als Index immanenter Transzendenz statt temporaler Extension ausweist. Dem Blick des anderen exponiert zu sein, seinem Verlangen, ist eine Erfahrung, die genossen werden kann. Durch Selbstobjektivierung entfernt sich das Subjekt von sich als Agent des Geschehens, ohne sich damit aufzugeben oder sich gänzlich aufzulösen. Es ist die strenge Kompossibilität von Objekt- und Subjektstatus, die in der Sexualität erlebbar wird, indem ihre Protagonisten sie – zumindest virtuell – durch eine Unzahl von Praktiken artikulieren. Die Erschütterung des Identischen konstituiert Identitäten, deren Prekarität und Fragilität die Subjekte destabilisiert und zugleich konstituiert. Indem wir den Geschlechtsverkehr als Kopulation denken, denken wir nicht einfach eine Verbindung. Wir denken mit der Verbindung ihre Auflösung und Vergänglichkeit. Nancy schreibt: »Die Kopulation ist das ›Ko‹ einer Bindung, einer Verbindung (*apula*, von *apio*), ebenso wie der Koitus das ›Ko‹ eines Gangs (*ire*) ist, eines Kommen-und-Gehens, dessen Bewegung, Annäherung-Entfernung und Berühren-und-Zurückziehen exakt das ›Ko‹ selbst konstituieren (bzw. es begründen, strukturieren, bedeuten, symbolisieren oder aktivieren). Wobei das ›Ko‹ selbst nichts ist, nichts als das Verhältnis, die Erschütterung des Identischen oder des Einen-im-Selbst«. Es geht um ein Verhältnis, das im Existieren zerfällt, weshalb es die Idee der Verbindung im Allgemeinen exemplifiziert, ihre Zerbrechlichkeit und Endlichkeit. Zum Sex gehört das Genießen dieses zarten Bands, das von seiner Auflösung bedroht bleibt, wie jegliche

Identität von der Differenz. Man könnte ihn als ein Differenzgenießen auf der Grundlage prekärer Identitäten definieren, die durch ihn selbst – in actu – konstituiert werden müssen, für einen ebenso fragilen wie existenten Augenblick.

FW: Natürlich ist das Geschlechterverhältnis wahnsinnig fragil. Vor allem wird es oft als das Eigentliche hingestellt, von dem sich alles andere in einer Art falschen Sexualisierung ableitet. Tatsächlich ist eher das andere das Eigentliche, während es keinen *rapport sexuel* gibt, weil er alle möglichen Hilfsmittel aus dem imaginären Bereich benötigt und sich jederzeit aufzulösen droht.

MS: Es ist kein Komplementaritätsereignis. Es ist nicht wie im aristophanischen Mythos aus Platons *Symposion*, dass die eine Hälfte die andere sucht, nachdem Zeus den Einheitsmenschen zerschnitten hat …

FW: Weil sie zu hoch gesprungen sind.

MS: … und der Eros die Kohäsionskraft darstellt, die beide Hälften wieder zusammenbringt. Fortan suchen sich der männliche und der weibliche Teil. Es geht um die Restitution einer durch Hybris verloren gegangenen Einheit. Lacan bricht mit diesem Mythos, indem er den Riss als etwas Konstitutives, dem keine Totalität vorausgeht, markiert. Er ist primordial. Das ist sehr komplex. Die Psychoanalyse zeigt, wie die Lust mit der Unlust kooperiert. Was das Genießen limitiert, assistiert dem Genießen. Jenseits des Masochismus persistiert im Subjekt die Kapazität eines Genusses, der sich seiner Unmöglichkeit verdankt. Als hätte sich die romantische Ideologie ins Sexuelle verschoben. Das Unmögliche/Reale, das ein Name des Unendlichen ist, residiert im Herzen der Sexualität. Daher die Anstrengung, im Sex über sich hinauszugehen. In ihr drückt sich die Suche nach einer Wahrheit aus, die das Begehren durch den Sex realisiert. Er ist Wahrheitsversprechen, das gebrochen wird, indem es sich einzulösen beginnt. Plötzlich blickt das Subjekt auf den Grund der Realität. Lust heißt: Lust auf etwas, das nicht existiert. Zur sexuellen Algebra gehört das Spiel mit Unbekanntem. Nicht, dass der Sex sich auf keinerlei Wissen stützte. Wie andere Kulturtechniken ist er Wissensprozedur, die sich in repetitiven Mustern ergeht. Er artikuliert sich in präfigurierten Abläufen. Man sollte ihm nicht zu viel Spontaneität unterstellen. Wie Hegels Weltgeist bleibt er auf Schienen gesetzt. Entgegen einer weitverbreiteten Meinung sind Entgleisungen unwahrscheinlich. Dennoch: Was an ihm gelingt – wenn man von Gelingen sprechen will –, gelingt als Exzess des Bekannten und als Affirmation des von ihm Ausgeschlossenen. Ein algebraischer Zauber öffnet ihn den Grenzen des sexuellen Mathems. Der Sex ist mathematisch bis zu dem Punkt, an dem er die Verschließung des Wissens markiert. Das ist der Moment eines außermathematischen Genießens, der noch das narzisstische Kalkül strapaziert. Zur Wahrheit des Sex gehört seine Selbstverlängerung aufs Jenseits der sexuellen Praxis. Immer gibt es eine unbekannte Größe, die aus ihm eine algebraische Aleatorik macht. Beim Sex rührt das Subjekt nicht nur an den Limes seines Wissens. Es erschließt die Inkonsistenz des Genießens als die Grenze seiner Welt. Foucault hat in *Sexualität und Wahrheit*, insbesondere in *Der Gebrauch der Lüste,* die Rolle der *aphrodísia* – das heißt der Sexualität, des Geschlechtslebens, der Liebesdinge – für die Subjektkonstitution zu untersuchen begonnen, indem er nach ihrem »Platz« in der »verständigen und natürlichen Führung des Lebens« fragt. Die Frage behält ihre Aktualität über die von Foucault konsultierten antiken Quellen hinaus. Welche Rolle, welchen Platz, welche Funktion und welche Bedeutung weisen bestimmte Gesellschaften und Kulturen dem Sexualleben zu im Hinblick auf ein allgemeines Verständnis unserer selbst, unseres Ichs und unserer Persönlichkeit? In welchem Verhältnis steht der Sex zum Subjekt? Inwiefern konstituiert er seine Subjektivität? Konstituiert sich ein Subjekt im Verhältnis zu seiner Sexualität, oder ist seine Sexualität das Produkt eines gewissen Subjektstatus, von dem wir wissen, dass er historisch-kulturellen Mustern und Transformationen unterliegt? Vielleicht gibt es weder den Sex noch das Subjekt, doch Sexualitäten und Subjekte gibt es. Man sollte zwei Illusionen ausweichen, deren eine in der essenzialistischen Substanzialisierung, deren andere in der Insistenz auf paradigmenloser Singularität besteht. Der Konflikt von Universalität und Singularität (oder Partikularität) gibt sich auch in der Frage nach dem Verhältnis des Subjekts zu seiner Sexualität zu erkennen. Es kann nicht darum gehen, sich blind auf eine der Seiten zu schlagen, um die andere zu ignorieren. Im Sex muss sich keine tiefere Wahrheit ausdrücken. Ausdruckslos ist er dennoch nicht. Bereits das Selbstverhältnis des Subjekts – dies zeigt nicht nur die Psychoanalyse – ist sexualisiert. Der Sex ist noch da, wo man ihn ignoriert. Nicht als dunkle Triebkraft. Eher als libidinös grundiertes Kontaktmittel, das zur Subjektwerdung über Autoerotik wie Heteroerotik beiträgt. Man könnte sagen: Er ist eine Art Lehrmeister. Er hat pädagogische Funktion. Lange bevor man ihn einer Moral unterwirft, arbeitet er aktiv mit an der Selbstkonstitution des Subjekts. Wer ihn verbietet, stellt das Subjekt als solches infrage. Deshalb konnte Foucault in einem Gespräch von 1978 zu einer an chinesischen Schulen gestarteten Kampagne gegen die Masturbation sagen, sie käme dem Versuch gleich, »einer Ente [zu] verbieten, ans Wasser zu gehen«. Heute lachen wir über die Prüderie und Vergeblichkeit solcher Kampagnen, während die Verbote an allen Ecken und Enden zunehmen. Unzweifelhaft ist, dass der Versuch einer Entsexualisierung des Subjekts seiner Löschung gleichkommt. Statt also den Enten den Zugang zum Wasser zu verwehren, sollten wir nach der Bedeutung des Wassers für sie fragen. Da es keinen Sex gibt ohne Selbstgenießen, das noch im Schmerz unter negativen Vorzeichen fortdauert, erweist er sich als auto- und damit homoerotisch. Die Frage nach der Rolle der *aphrodísia* in der Lebensführung des Subjekts verbindet sich mit der Frage nach der Rolle des Sexualnarzissmus für die Subjektkonstitution. Durch den Sex definiert das Subjekt sein Verhältnis zur Welt. Wenn wir aus der Einheitslogik aussteigen, dann auch aus der Gegenteilslogik. Es gibt Sexualtheorien und Feminismen, die sich anderen Logiken als denen der Binarität und Komplementarität geöffnet haben. Es gibt den Mythos des Polymorphen. *Anything goes* – in der Sexualität. Auch hier besteht die Gefahr, sich in der Dissidenz einzurichten, um in den

Dogmatismus einer Gegenposition zu wechseln, ohne die Bereitschaft aufrechtzuerhalten, weiterzudenken, gegen das Gegen, wenn man so sagen kann. Denken heißt, gegen sich selbst zu denken. Das fällt uns schwer.

FW: Und das ist auch eine Form der Ironie, wenn nicht Kennzeichen der Ironie überhaupt. Zumindest würde Kierkegaard Ironie so definieren, als eine unendliche, gegen sich selbst gerichtete Negation. Es geht dabei auch immer darum, die eigene Autorität zu unterminieren.

MS: Mehr als Ironie verlangt solche Selbstimplikation Humor.

FW: In der Kritik zu verharren, heißt ja auch, immer weiter an das Objekt der Kritik gebunden zu sein. Kritik kann auch eine Art von Schutz sein, selbst nichts zu wagen. Als Grund dafür gebe ich den anderen an, den Türhüter quasi, der mich nicht reinlässt. Aber, wie du vorhin schon gesagt hast, die Gefahr besteht nicht in den verschlossenen, sondern in den offenen Türen.

MS: Die verschlossene Tür ist ein Alibi. Du kannst jemandem die Hand reichen und sagen: »Da ist eine offene Tür, ich zeige dir die Schwelle, über die Schwelle musst du allerdings alleine gehen.« Wie die nur bedingt hilfreichen Assistenzfiguren bei Kafka, bei Wittgenstein, in unserer Märchentradition.

FW: Der Trickster ist auch eine wichtige Figur, die vor allem mit Humor und mit Verneinung, also mit Ironie, Lösungsmöglichkeiten aufzeigt, die aber nicht erkannt werden, weil man in ihm automatisch erst einmal einen Feind sieht, gegen den man sich wehren muss.

MS: Am Ende liegt es in meiner Verantwortung, zu entscheiden, welcher Assistenzfigur oder welchem Tier ich vertraue.

FW: Das ist ein Thema, das mich nicht nur in den Mythen oder Märchen, sondern auch in den Heiligenlegenden fasziniert hat. Es wird ein Vertrauen verlangt, das gegen jede Vernunft spricht, zumindest von Außenstehenden in seiner Bedeutung nicht erkannt werden kann. Vor allem gibt es kein generelles Regularium, wie man mit dem Numinosen umzugehen hat, einmal musst du die verwandelte Schlange ansprechen, ein anderes Mal ist genau das verkehrt. Das heißt, es geht letztlich um die Gewinnung einer eigenen Entscheidungskraft. Es ist schade, dass das manchmal nicht verstanden und entsprechend moralisierend in zwei Charaktere aufgeteilt wurde, wie etwa bei »Frau Holle« mit Goldmarie und Pechmarie, wo es sich tatsächlich um zwei Verhaltensweisen handelt. Herauszufinden, welche davon wann sinnvoll ist, das ist die Verantwortung, die bei jedem selbst liegt.

MS: Um zum Liebesthema zurückzukommen: Es ist keine gute Idee, der Person, die man liebt, die Autorität über die eigene Gefühlsökonomie zu geben. Das ist ein unerwachsenes, narzisstisches Verhalten. Es ist zudem autoritär, weil es die Verantwortung für meine Befindlichkeit an den anderen delegiert. Liebe könnte heißen, die Person, die man liebt, vom Druck zu befreien, ihre Liebe zu beweisen. Karl Kraus, Walter Benjamin, Marguerite Duras wissen, dass im Herzen der romantischen Liebe der Vertrag, die Prostitution, der Deal persistieren. Es geht um etwas. Wir sind nicht selbstlos. Niemand von uns. Auch nicht in der romantischen Liebe. Es gibt unausgesprochene Vertragsverhältnisse, die keinen Widerspruch zur Liebe darstellen. *Unconditional love* gibt es nur im Hollywoodkino. Wir haben tausend Gründe, die Person zu lieben, die wir lieben, doch der *eine* letzte Grund, der fehlt.

FW: Und genau aus diesem Grund gibt es diese Verbindung zwischen Liebe und Religion.

MS: Liebe und Religion sind Themen des frühen Hegel. Was ist das neutestamentarische Christentum, wenn nicht die Religion der barmherzigen, göttlichen Liebe, der *agape* oder Karitas?

FW: Man könnte behaupten, dass der Gedanke vom Tod Gottes erst dort wirklich angenommen und verstanden wurde, wo er sich auch auf die Liebe erstreckt. Tatsächlich wird uns vor allem medial eine Liebe vorgeführt, die an einem vermeintlich letzten Grund festhält. Erst aber, wenn sich der Gedanke vom Tod Gottes auf die Liebe erweitert hat – und da ist auch die Selbstliebe mit eingeschlossen –, wird er fruchtbar. Zur Zeit haben wir in dem, was Adorno »Gesellschaft« nennt, eher eine Art Zweiteilung, bei der man sich vermeintlich auf eine Inexistenz Gottes geeinigt hat, sich andererseits noch mehr auf die Liebe stürzt. Man kann der grundsätzlichen Frage jedoch nicht entkommen, weshalb es interessant ist, dass sich dieses Feld von einer anderen Seite her aufdröselt, mit Diskussionen um eine neue Moral, neue Repressionen und so weiter. Die eigentliche Frage aber bleibt bislang noch weitgehend ungestellt: Wie kann man das Wissen um den Tod Gottes auf die Liebe übertragen?

MS: Mit dem Tod Gottes muss Ersatz gefunden werden für die göttliche Liebe. Das ist die romantische Liebe, deren theologischer Ursprung bekannt ist. Man bewegt sich zwischen Offenbarung und Gewissheit. Es gibt, analog zu Descartes, eine eingeforderte Liebes-*Certitudo.* Man will Gewissheit. »Liebst du mich?« Was aber, wenn wirkliche Liebe sich darin ausdrückt, die geliebte Person nicht wissen zu lassen, dass man sie liebt? Man würde darauf verzichten, sie zum Objekt seiner Liebe zu deklarieren. Man verzichtete darauf, sie mit der eigenen Liebe zu belasten. Nicht nur die Liebe Gottes wird nicht immer als Gnade empfunden, auch die Liebe zwischen Menschen ist eine Last. Das gilt auch für die Sexualität: Es mag sich um eine Theologie ohne Gott handeln, ohne Göttliches ist sie nie. Statt nur Triebabfuhr zu sein, ist Sex soteriologische Fantasie. Wenn Gott nicht im Spiel ist – nicht verwickelt in die Liebesspiele –, dann zumindest das Göttliche. So profan sich der Sex darstellt, er bleibt religiöser Natur, solange wir unter Religion die Anrufung eines inexistenten Datums verstehen, von der das Subjekt sich die Erlösung von seiner Prekarität verspricht. Der Sex erweist sich als Fortsetzung der Religion mit anderen Mitteln. Man könnte von sexueller Liturgie sprechen, auch wenn sie sich der Öffentlichkeit entzieht. Im Porno gewinnt der Sex zeremoniellen Charakter. Er wird ritualisiert. Ihm ist Repetitivität eingeschrieben. Als ginge es um Erlösung von der Religion mit den Mitteln bloßer Korporalität. Und dennoch: Immer überschreitet das Subjekt beim Sex seine natürliche Disposition. Es erfindet Varianten der Nutzlosigkeit. Zweifellos sind sie es, die seine Faszination ausmachen: Der Gebrauch des Körpers gegen sich selbst, die Erfindung erotischer Praktiken jenseits der Mechanik von Zeugung und Fortpflanzung, die Konstruktion einer metaphysischen Körperlichkeit, die die Fantasie, den Geist und die Sinne an der Grenze des Sinns (oder des kantischen »Reichs der Zwecke«) kooperieren lässt. Mühelos überschreitet die Kreativität menschlicher Sexualität die Grenzen ihrer Ökonomie. Verschwenderisch, kontradiktorisch bezeugt sie ihren Austritt aus der Logik des Sinns. Man kann sie spielerisch nennen und streng. Jedenfalls kommt in ihr zum Ausdruck, was nur Menschen zukommt: der Genuss der Erfahrung des Selbstverlusts.

FW: Bei Goethe heißt es im *Wilhelm Meister*: »Wenn ich dich lieb habe, was geht's dich an?« Und bei Godard gibt es ganz wunderbare Szenen zu diesem Thema. In *Eine Frau ist eine Frau* sitzt Anna Karina mit Jean-Paul Belmondo in einem Café und fordert ihn auf, ihr seine Liebe zu beweisen, worauf er aus dem Café nach draußen und mit dem Kopf gegen eine Mauer rennt. Der

Liebesbeweis ist letztlich immer absurd, er kann vor allem nicht sprachlich funktionieren, dann wäre es ja lediglich ein Beteuern.

MS: Der ultimative Liebesbeweis könnte der Verzicht auf ihn sein. Verzicht darauf, ihn durch das Syntagma »Ich liebe dich« zu empfangen. Dennoch muss ein Beweis her, ein Zertifikat. Ich denke an die Position der Hysterikerin im Lacan'schen Diskurs. An die mittelalterliche Minnelyrik. Der Ritter wirbt um die Frau, und schon ist er in der Falle. Er muss sich beweisen und wird alles dafür tun – erfolglos –, seine Liebe zu ihr zu authentifizieren. Sie muss sich als wahrhaftig darstellen. Sie muss leisten, was sie per definitionem nicht kann.

FW: Wobei die Minne erst einmal losgelöst von der direkten Begierde war. Wenn man aber den Ursprung der Individualliebe dort verorten will, wäre das schon beachtenswert, weil dann die Unerreichbarkeit konstitutiv für unseren Begriff von Liebe wäre.

MS: Die Unerreichbarkeit des Liebesobjekts ist dem Paradigma der romantischen Liebe konstitutiv. Da gibt es ein Begehren, doch was es begehrt, indem es die Geliebte begehrt, ist das Begehren selbst. Begehren ist Begehren des Begehrens, ist also Begehren des Unmöglichen. Das Begehren des Möglichen wäre kaum noch ein Begehren, während das Begehren des Unmöglichen das Begehren aufrechterhält, indem es seine Befriedigung unendlich aufschiebt. Die Befriedigung findet – wie beim Masochisten – durchs Aufrechterhalten der Nichtbefriedigtheit statt. Mehdi Belhaj Kacem hat zu Recht hervorgehoben, dass der höfische Liebhaber – der den Prototypen des romantischen Subjekts darstellt – und der Masochist, sofern sie »den Genuss, die Lustabfuhr« bis »ins Unendliche« aufschieben, Figuren phantasmatischen Begehrens sind, um die »Konsistenzebene« ihres »Begehrens voll und ganz aufzublähen«, während er sich fragt, »ob es sich hier nicht um einen Topos« handelt, der »sich auf die männliche Position beschränkt«. Der »*Topos* des Genusses als Unterbrechung des Begehrens« wäre kein weiblicher: »Wenn wir die Frauen fragen, ob der Genuss, der Orgasmus für sie die Unterbrechung des Begehrens darstellt, so ist das Mindeste, was man sagen kann, dass wir die meisten von ihnen damit ratlos machen.« Die männlich genannte Genussfixierung unterscheidet vom weiblichen Genießen, dass sie einen Bruch mit dem Begehren darstellt (zumindest für Augenblicke), während der »Frau« die strenge Äquivalenz von Genuss und Begehren entspricht. Man müsste also zwischen einer männlichen und weiblichen Sexualökonomie unterscheiden, in der sich die Differenz von Transzendenz oder Vertikale und Immanenz oder Horizontale artikuliert. Während sich »beim Mann alles um den Genuss dreht, auch in Form des Aufschubs wie beim Masochisten«, sei die »Frau« die »Instanz des Begehrens«; allerdings eines Begehrens, das vollkommen genussfähig ist. Freud und Lacan verbindet Ratlosigkeit angesichts des Mysteriums des weiblichen Genusses. Mit der femininen *jouissance* öffnet sich ein »Abgrund«, den Belhaj Kacem mit der Formel »Begehren = Genuss« assoziiert. Und doch müsste man mindestens einen Schritt in Richtung auf die Kompossibilität von Vertikale und Horizontale, Transzendenz und Immanenz weitergehen, um nicht in einfachste Binarismen zurückzufallen. Es kann weder der Frau – noch dem Subjekt im Allgemeinen – gelingen, die Immanenzebene ins Unendliche aufzublähen. Sie ist längst von Inkonsistenzpunkten durchlöchert, die das Konsistenzfeld als ebenso brüchig wie flexibel und transformabel erweisen. Erst ein Denken der Kompossibilität von Transzendenz und Immanenz sowie der hier weiblich und männlich genannten Positionen eröffnet den Raum der Komplexität menschlicher Sexualität, die sich keiner Gegensatzdialektik – und damit auch keiner Ontologisierung – beugt.

FW: Wird diese Ambivalenz nicht in der Schlussszene der *Reifeprüfung* mit Dustin Hoffman und Katharine Ross sehr gut dargestellt? Nachdem Hoffman Ross quasi aus der Kirche befreit und die Hochzeitsgesellschaft dort mithilfe eines Holzkreuzes eingesperrt hat, sitzen beide ganz hinten in einem Bus, und die Kamera bleibt unbarmherzig lang auf ihnen, und man kann in ihren Gesichtern die Gedanken ablesen, die Zweifel, die aufsteigen, jetzt, wo sie ja ihr Happy End erreicht haben, das ja nur glücklich ist, weil der Film da aufhört und sofort in ein fragwürdiges Ende umschlägt, wenn er, wie in diesem Fall, und sei es auch nur für einen Moment, weitergeht, auch weil sie sich als Individuen gegen das ritualisierte Gemeinschaftsleben gewandt haben.

MS: Sie schauen in dieselbe Richtung, aber jeder für sich. Erinnerst du dich an die Levi's-Werbung von 2002? Sie lief im Kino und im Fernsehen. Man sieht einen jungen Mann durch eine Reihe von Wänden laufen, plötzlich ist da eine junge Frau, die, parallel zu ihm, gegen ihn läuft. Es gibt ein Innehalten samt Blickwechsel. Es ist ein Wettbewerb, ein erotischer Parallelismus. Sie laufen gegeneinander wie miteinander. In dieselbe Richtung, jeder für sich und doch zusammen. Erst durch die Wände, dann gewaltige Bäume hoch, bis sie schließlich gemeinsam, ohne einander zu berühren, in den Orbit springen. Ein schönes Bild für die Liebe: gleichzeitig, gemeinsam, aber auch im Wettstreit und jeder für sich in dieselbe Richtung zu laufen. Das ist eine Form von Romantik, die ich akzeptieren kann. Keine Fusion.

FW: Ja, keine Fusion, die Erkenntnis einer falschen Vorstellung von Einheit. Die Vertreibung aus dem Paradies.

MS: Der Fall aus dem Paradies als Sturz in die zweite Natur. Aus der Natur in die Kultur = zweite Natur. Das heißt bei Lacan: in die Kastration, in die symbolische Ordnung. Plötzlich ist Unschuld keine Option mehr. Die Vertreibung aus dem Paradies markiert den Verlust vorsprachlicher Unschuld durch den Eintritt in die Logosphäre, die den Spielraum hyperbolischer Sexualität abgibt. Wir tun es nicht wie die Tiere. Für das Mensch genannte Tier geht die Rechnung erst im Scheitern auf. Sein Sex ist linguistische Praxis. Weder unterbricht er die Sprache noch umgekehrt. Er gewährt ihr Zugang zum Äußersten, indem er sie mit alogischen Effekten affiziert. Erst die Komplizenschaft von Sex und Logos öffnet das Subjekt der Erfahrung paradiesischer Intensität. Mich interessieren die unausgesetzten Versuche, Unschuld zu restituieren. Durch selbstaffektive Tierliebe etc.

»Nur Dummköpfe lieben Katzen und Hunde«, schreiben Deleuze und Guattari in *Tausend Plateaus*. Der Satz zielt auf den unreflektierten Narzissmus der Tierliebe. Über ihre gewaltsame und ebenso inakzeptable wie unvermeidbare Verwertung als Nutztiere erfüllen Tiere eine konkrete Funktion im menschlichen Gefühlsleben. Es gibt sie nicht im Singular, der von *dem* Tier spricht, indem er *das* Tier sagt (darauf hat auch Derrida verwiesen), während er die exzessive Differenz zwischen den Arten übergeht. Es gibt keine unschuldige Tierliebe, so wie es Liebe im Allgemeinen nicht ohne Zwecke geben kann. Da laufen Anthropomorphismen mit, Egoismen, Pragmatismen etc., die man nicht ignorieren kann.

FW: Ist das nicht auch der Versuch, aus der symbolischen Ordnung auszusteigen? Das Tier lügt mich nicht an, ist ein bedauernswertes Geschöpf, weil es nicht sprechen kann, aber mit seinen treuen Augen so viel mehr sagt? Hier würde meine Kritik an Céline ansetzen, dass er diesen Weg gegangen ist und die Bücher, in denen er gegen die Menschen wettert, den Tieren widmet.

MS: »Was ich nicht ertragen kann, ist die Unschuld der Menschen«, konstatiert Heiner Müller. Ähnlich fragwürdig ist die unreflektierte Tierliebe von Menschen, die sich für tierlieb halten, während sie nach Liebe schreien. Mich fasziniert die Bereitschaft, hier nicht weiterzudenken. So, wie die erschreckend transparente Intransparenzinszenierung = Selbstverkatzung gewisser Frauen …

FW: Es gibt aber auch die Selbstverhundung – und auch bei Männern.

MS: Selbstverkatzung oder Selbstverhundung: Die Identifikation mit einem Tier ist immer symptomatisch. Was die Katze betrifft, denke ich an Heideggers Erwähnung des Katzengolds in *Vom Wesen der Wahrheit*. Katzengold ist falsches Gold. Die Katze ist das Tier der Dekonstruktion. Und Dekonstruktion ist, wie Derrida unablässig wiederholt, Selbstdekonstruktion. Das Gold, das sich selbst dekonstruiert, ist das Katzengold. Eigentlich ist es wertlos. Unecht. Aber in seinem Unecht-Sein steckt Wahrheit. Seine Wahrheit liegt in der Unwahrheit. So gesehen ist die Identifikation mit der Katze dekonstruktiv. Sie erschüttert den (männlichen) Glauben an Wert und Konsistenz. Zugleich impliziert sie narzisstische Selbstverrätselung. Dekonstruktion, die sich selbst auf den Leim geht. Wie die etwas dumme Madame Bovary in Flauberts Roman.

FW: Madame Bovary ist ein Beispiel für das mimetische Begehren, über das René Girard geschrieben hat. Unser Begehren ist immer nur ein Nachahmen, weil wir lernen müssen, was Begehren überhaupt ist. Genauso wie man lernen muss, sich begehrlich zu machen. So wie es in einem Hollywoodfilm der Fünfzigerjahre eine Gouvernante ihren weiblichen Zöglingen beibringt, wenn sie ihnen empfiehlt, sich regelmäßig die Sätze vorzusagen: »Ich bin grazil. Ich bin attraktiv. Ich gebe Rätsel auf.«

MS: Man müsste erwidern: So rätselhaft bist du nicht. Rätselhaft ist nicht einmal die Katze. Dem Macho müsste man sagen: Deine Entschlossenheit ist deine Angst. Während gewisse Männer Entschlossenheit und gewisse Frauen Ambiguität mimen, spielen sie das allzu transparente Spiel vermeintlicher Entschlossenheit und Intransparenz, in dem sich die Differenz von Genuss (Trieb) und Erotik (Begehren) reflektiert. Löscht der Sex die Erotik, so wie der Genuss (*jouissance*) das Begehren (*désir*) erstickt? Es gibt Gründe anzunehmen, dass es so ist. Wir bewegen uns im Spannungsfeld von Identität und Differenz. Das Denken der Identität wird immer den Sex vor der Erotik privilegieren, das Denken der Differenz tut es umgekehrt. Als handelte es sich um eine einfache Alternative: Entweder Sex oder Erotik, entweder Genuss oder Begehren. Wenn der Genuss das erfüllte Begehren ist, dann impliziert er seine Löschung, zumindest für einen Augenblick. Daher gibt es kein Begehren, das nicht Begehren des Begehrens wäre, was den Wunsch nach seiner Aufrechterhaltung durch seine Nichterfüllung einschließt. Das Begehren ist wesentlich narzisstisch. Es zielt auf seinen Selbsterhalt statt auf den Genuss, den es zu begehren vorgibt, während es ihn als seinen Tod identifiziert. Eine klassische Sexualtopologie würde den Genuss, der seine umweglose Realisierung verlangt, mit der männlichen Position, das labyrinthische Begehren mit der weiblichen Position konnotieren. Dementsprechend hat Mehdi Belhaj Kacem die weibliche Sexualität als Identität von Genuss und Begehren expliziert. Die Frau (um es sehr einfach zu formulieren) genießt das Begehren, während der Mann den Genuss begehrt. Das muss nicht falsch sein. Ist es die Wahrheit? Vielleicht sollte man dieses Schema der einfachen Entgegensetzung von horizontalem weiblichen Begehren und vertikalem männlichen Genuss komplizieren. Statt um einen Kompromiss und irgendeine Form der Schlichtung der Differenz der männlichen und weiblichen Position (die nicht einfach mit den Positionen »Mann« und »Frau« zusammenfällt), ginge es um die geschlechtsunabhängige Emanzipation von der Alternative Vertikal-oderhorizontal. Es ginge zuletzt um eine Entpolitisierung dieser Alternative, die zu den gröbsten Anschuldigungen, Verwerfungen und Ungerechtigkeiten verführt. Um es so schutzlos wie möglich zu sagen: Weder ist der Genuss dem Mann, noch ist das Begehren der Frau vorbehalten. Es reicht auch nicht zu sagen, dass das spezifische Begehren des Mannes genussorientiert und der spezifische Genuss der Frauen begehrensorientiert seien. Man müsste mindestens einen Schritt weitergehen. Es käme darauf an zu zeigen, dass es männliche Horizontalerstreckungen wie weibliche Vertikalexzesse gibt. Weder ist das Sein (im Sinne Badious) weiblich, noch ist das Ereignis männlich. Übersetzt in ein anderes Dispositiv: Die Transzendenz unterbricht die Immanenz nicht von außen, so wie der Genuss das Begehren nicht aus dem Jenseits überrascht. Das große Thema der Gegenwartsontologie, die immanente Transzendenz, hat eine geschlechterontologische Dimension. Dass es keine absolute Transzendenz gibt, bedeutet, zum Beispiel im Horizont der Immanenzphilosophie von Deleuze, nicht, dass es keinerlei Transzendenz gibt. Es gibt immanente Transzendenz. An diesem impliziten Außen partizipieren beide geschlechtlichen Positionen. Die Brüche im Immanenzgewebe sind Produkte dieses Gewebes. Das Immanenzbegehren produziert ein Transzendenzgenießen, der Genuss bleibt dem Begehren verhaftet, statt es zu zerstören. Die menschliche Sexualität ist komplex. Sie kennt mehr als nur ein, zwei, drei Muster. Was nicht bedeutet, dass sie keine Muster generiert.

FW: Die Verrätselung lässt sich natürlich auf gewisse Urfragen zurückführen, wo es um Leben und Tod geht. Das ist nicht nur Ödipus gegenüber der Sphinx, sondern auch Parzival gegenüber dem Fischerkönig. Die Krankheit von Amfortas führt dazu, dass in Form einer sympathischen Magie das ganze Land brach darniederliegt. Und alle warten, dass jemand kommt und ihm eine ganz einfache Frage stellt, sich nämlich danach erkundigt, was ihm eigentlich fehlt. Eine Frage, die man ja tatsächlich oft versäumt, und zwar aus ganz ähnlichen Gründen wie Parzival, man traut sich nicht, weiß nicht, ob es schicklich ist, und verpasst schließlich den entscheidenden Moment. Aber die unterlassene Frage hat auch Auswirkungen auf den, der sie unterlassen hat. Parzival weiß plötzlich nicht mehr, wer Gott ist, irrt durch die Gegend, kämpft mit jedem, der ihm zu nahe kommt, und rückt wieder in die Nähe des instinktgesteuerten Tiers. Bis er begreift, was seine Aufgabe ist. Und dann stellt er die Frage. Auf die Antwort kommt es gar nicht weiter an. Und es geht um diese einfachen Fragen, die durch die ganzen gesellschaftlichen

Vereinbarungen zu den schwierigsten Fragen wurden, denn Parzival ist ein Bildungsroman, ein Lehrstück, wie man in der mittelalterlichen Gesellschaft zurechtkommt.

MS: Natürlich. Der andere, die Person mit der wir vielleicht ein Verhältnis eingehen, bemüht sich, uns gegenüber in einer Weise aufzutreten, wie sie gar nicht ist. Das berührt uns, noch wenn wir es durchschauen. Das Liebestheater kann ein Beweggrund für Liebe sein. Es verbindet sich mit der Erfahrung der eigenen Fragilität, des Wissens um die eigenen Schwächen. Auch hier persistiert der Narzissmus am Grund der Liebe: In der Verletzbarkeit des anderen erkenne ich mich. Würde die Person alles, was sie theatral leisten zu können oder darzustellen vorgibt, tatsächlich erfüllen, wäre sie kaum noch interessant. Ihre Schwäche, die meine ist, macht sie liebenswert.

FW: Und genau dieses »Liebenswerte« wissen sich die sogenannten Heiratsschwindler beiderlei Geschlechts zunutze zu machen. Der Heiratsschwindler ist ja gerade nicht der tolle Typ, sondern er kann genau *das* spielen, von dem man annimmt, dass man es gemeinhin nicht spielen kann, nämlich ein Bemühen, durch das er eine Unfähigkeit und Schwäche hindurchscheinen lässt, sodass man denkt, dem armen Kerl, dem helfe ich am besten so, dass er gar nicht merkt, dass ich etwas von seiner Schwäche weiß. Er teilt genau das zu, was sein Opfer entdecken soll, und hinter jeder scheinbar eigenständigen Entdeckung des wirklichen Charakters steckt eine Manipulation. Aber es geht noch weiter: Der wirklich gute Heiratsschwindler kann sogar offenlegen, dass er ein Betrüger ist, und dennoch alles bekommen, was er will, weil man ihn, wenn er es richtig anstellt, dafür bedauert, dass er zu so armseligen Methoden der Manipulation greifen muss. In der Politik kann man das gerade bei Macron beobachten. Dieser Typ des geschmeidigen Manipulators ist ansonsten leider zurzeit etwas aus der Mode gekommen, so wie auch der Gentleman-Gangster verschwindet. Heute hat man Trump, Erdoğan, Orbán und so weiter, und die Typen, die mit einem geklauten SUV voll Karacho in das Juweliergeschäft rasen und in den fünf Minuten, bis die Polizei da ist, alles zusammenraffen, was sie zusammenraffen können. Macron inszenierte im Frühjahr 2019 ein Rührstück, das *Grand débat* hieß. Da zog er durch die Lande und spielte den Zuhörer, um die Wut zu kanalisieren. Und das Sonderbare ist, dass es seine Wirkung hatte, auch wenn man weiß, dass das, was die Zuhörer sagen, bei ihm quasi zum einen Ohr reinging und zum anderen

Ohr wieder raus, man weiß, dass er nach siebenundvierzig Minuten das Jackett auszieht, sich dann und dann breitbeinig hinsetzt, sodass es wie selbstvergessen und völlig absorbiert wirkte. Aber dennoch gibt es den Gedanken: »Ja, klar ist das Show, aber er bemüht sich doch so.« Man ist gerührt, dass er sich die Arbeit macht, dieses Theaterstück aufzuführen. Und deshalb funktioniert diese Show dann doch. Wie ja eben auch gutes Theater funktioniert. Und dass er sich angestrengt und ein Wahnsinnsprogramm auf sich genommen hat, stimmt ja auch. Es ist ein weiteres Beispiel dafür, dass die *mauvaise foi* mittlerweile ganz offen zur Schau gestellt wird, alle darum wissen und ihr dennoch zum Opfer fallen, da sie der Meinung sind, dass sie, eben weil sie darum wüssten, die *mauvaise foi* in eine *bonne foi* verwandelt hätten, doch eben genau das ist nicht der Fall, vielmehr hat sich die *mauvaise foi* nur verschoben und bezieht sich nun auf den Irrglaube gegenüber dieser angeblichen *bonne foi.* Es bleibt eben eine manchmal etwas traurige Wahrheit, dass man die Entscheidung für jede Art von Beziehungen, seien es politische oder emotionale, selbst übernehmen muss, auch wenn man sie noch so gern abgeben möchte.

MS: Das gehört zum Entlastungsprogramm der Liebe: dass man die Verantwortung für seine Liebe, wie in deinem Goethe-Zitat, uneingeschränkt übernimmt.

FW: Umgekehrt kann man sagen, dass zum Beispiel ein Stalker die ganze Verantwortung abgibt. Der steht ständig vor deiner Tür und läuft dir nach und denkt, er könne dir sein ganzes Leben aufhalsen. Dabei drückt er sich nur davor, Verantwortung zu übernehmen.

MS: Das ist fast ein lutherisches »Hier stehe ich und kann nicht anders«.

FW: Das ist ja auch ein sehr fragwürdiger Satz.

MS: Es geht darum, die Verantwortung für etwas zu übernehmen, was die eigenen Kompetenzen übersteigt. Du übernimmst keine Verantwortung, wenn du nur Verantwortung übernimmst für das, was in deinem Kontrollbereich liegt.

FW: Ich fände den Satz viel stärker, wenn er hieße: »Hier stehe ich, aber ich könnte auch anders«, weil der diesen zwanghaft diktierten Charakter nicht hätte, diese Rechtfertigung von oben, sondern gleichzeitig ein Bekenntnis zur Willensfreiheit und damit zur Verantwortung wäre.

MS: Deshalb gibt es allen Grund, dem Horoskopismus der Liebe zu misstrauen, der Vorstellung, füreinander bestimmt zu sein. Vielleicht ist Liebe, was ohne Absicherung in irgendeiner Sternenschrift auskommt. Wir wären hier fast schon bei Shakespeares *Romeo und Julia*. Die Familien sind verfeindet, es handelt sich um eine unmögliche Liebe, die nicht sein darf.

FW: Aber das ist ja in der Regel nur die von außen verunmöglichte Liebe. Noch radikaler wäre es doch zu sagen: »Eigentlich passen wir überhaupt nicht zusammen. Dann wollen wir das mal als Grundlage unserer Liebe nehmen.« Diese Liebe stünde zumindest auf dem Boden der Realität.

MS: In *Die Krankheit Tod* schreibt Marguerite Duras von der kaum lebbaren Liebe zu Yann Andréa, ihrem homosexuellen Lebensgefährten. Der Text kommt aus der Enttäuschung. Er hat kein sexuelles Interesse an ihr, was nicht heißt, dass er sie nicht liebt. Sie leitet daraus die angebliche Liebesunfähigkeit der Männer ab. Sie hätten Angst vor dem weiblichen Geschlecht. Das ist ein klassisches Stereotyp. Wie so oft schreckt Duras nicht vor dem unglaubwürdigsten Sexualkitsch zurück. Es ist dennoch ein toller, von Handke ins Deutsche übertragener Text. Aber eben auch exzessiv ungerecht, banal und primitiv in seiner Entstehungsgeschichte und Motivation.

FW: Wahrscheinlich sollte man die Genese von großen Werken nicht bis ins letzte Detail nachverfolgen. Kant hat auch darüber geschrieben, warum man sich nicht auf Fahrten mit der Kutsche einlassen sollte. Man kennt ja seine sprichwörtliche Tageseinteilung, die dann durch eine Landpartie durcheinandergebracht wurde. Oder die Wut über den verlorenen Groschen. Wenn es aber ein Werk von einer gewissen Qualität ist, dann übersteigt es den Anlass seiner Entstehung.

MS: Als Schriftsteller kennst du das Problem: Wo hängt man den ersten Satz auf? Man braucht eine Art Nagel, an den man seinen Text dranhängt. Oft fängt man im halben Satz an. Klaus Theweleit hat über Heiner-Müller-Sätze gesagt, sie seien Zündkerzen für den Kaltstart des Gehirns (so in etwa sagt er es). Wenn ich einen Text zu schreiben beginne, muss der Motor angeschmissen werden. Oft reicht ein Funke, ein imaginärer Haltegriff. So wirken Müller-Sätze bei mir. Ich denke an die Erzählung von Nikolai Gogol, »Der Mantel«. Der Mantel des völlig verarmten Protagonisten ist dermaßen zerschlissen oder zersetzt, dermaßen Flickwerk bereits, dass er nicht mehr über die Minimalsubstanz verfügt, dass man noch einen weiteren Flicken an ihm befestigen könnte. So habe ich es in Erinnerung. Das fand ich faszinierend: Es gibt Akzidenzien, aber keine Substanz. Die Texte schweben über dem Abgrund ontologischer Inkonsistenz oder Leere. »Gott ist tot« heißt auch, dass wir nichts als einen Flickenteppich haben, der in totaler Auflösung begriffen ist.

FW: Dass wir mit diesem Mantel umgehen müssen.

MS: Dass der Mantel ausgetauscht werden muss. Bei Gogol ist das der Fall. Und dann macht man nicht immer einen guten Deal.

3. Das Reale ist das Irreale

MS: Es gibt keine nicht vampirische Lektüre. Lesen impliziert Rücksichtslosigkeit und Gewalt gegenüber dem gelesenen Text. Es geht um Aneignung. Weil ich nicht verstehe, gibt es etwas zu verstehen. Komplettes Verstehen ist unmöglich, wie absolutes Nichtverstehen. Einen Text zu lesen – und hier ist es egal, ob es ein literarischer oder philosophischer Text ist; eine Unterscheidung, die als alles andere als gesichert gelten kann –, bedeutet, diese doppelte Erfahrung zu machen: Ich kann nicht vermeiden, nicht zu verstehen, und ich kann nicht verhindern, zu verstehen (oder zumindest *etwas* zu verstehen). Wir sollten uns nicht von Rigorismen verführen lassen, die behaupten, es gebe nichts als diese Opposition: Entweder man versteht oder man versteht nicht. Was überhaupt bedeutet verstehen? Muss ich mich einfühlen und wiedererkennen im gelesenen Text? Gehört zum Verstehen die Einsicht in die Differenz zwischen dem Geschriebenen, dem Beschriebenen, dem Behaupteten und Erzählten und mir? Die Auseinandersetzung mit philosophischen Texten impliziert immer auch die Frage nach den Bedingungen und Grenzen des Verstehens. Zunächst ginge es darum, den Begriff des Verstehens zu verstehen, die Geschichte seiner Funktion und seines Gebrauchs. Dies müsste in sämtlichen Sprachen geschehen. Es wäre eine unlösbare Aufgabe, deren Monstrosität uns zumindest eines vermittelt: Wir verfügen über keinen kohärenten Begriff des Verstehens. Die Forderung, die sich mit dieser fragilen Vokabel und dem ihr verwandten Term der Verständigung verbindet, öffnet das Denken auf die Hermeneutik, die immer auch Hermeneutik der Hermeneutik sein müsste, Befragung der Grenzen von Verstehen und Verständigung. Zum Lesen gehört die nicht aufhörende Selbstvermittlung des oder der Lesenden mit den eigenen Grenzen. Lesend rühre ich an die Inkonsistenz meiner Evidenzen. Im Akt des Lesens überschreite ich meine Kompetenzen unentwegt. Entweder wir lesen und affirmieren die Lesen genannte Dynamik als fragwürdigen Exzess unserer Kompetenzen, oder wir lesen schlicht nicht, indem wir das Gelesene im Register unserer Gewissheiten rubrizieren. Es ist wie beim Erlernen einer Fremdsprache: Man versteht, und man versteht nicht. Mit der Zeit versteht man besser, dann wieder nichts. Zur Lektüre gehört dieses Schwanken, diese Orientierungslosigkeit und dieser Taumel. Das hat mit der Selbstimplikation des Lesenden ins Gelesene zu tun. Es ist, wenn man so sagen kann, die existenzielle Dimension des Lesens, die aus ihm eine Erfahrung werden lässt, die immer auch Grenzerfahrung ist, Erfahrung der Grenzen wie Erfahrung der Unbegrenztheit meiner Welt. Warum sollte uns ein Buch oder ein Text weniger berühren, weniger direkt angehen als ein Film im Kino, der die Affekte des Zuschauers unmittelbar mobilisiert? Die Erfahrung der Unbegrenztheit meiner Welt ist Erfahrung der Grenzen des Verstehens und der Sprache. Was Derrida »différance« nennt, oder Urspur oder Urgewalt, markiert das Loch im Verstehen, das Loch also zuletzt im Subjekt. Da ist ein Spalt oder Riss, der durch das Subjekt wie durch alle Identitätsmodelle verläuft. Die Erfahrung dieses Risses ist Erfahrung struktureller Gewalt, von Differenz. Wittgenstein nähert sich dieser Differenz, indem er vom Unsagbaren sagt, dass man über es nur schweigen könne. Es lässt sich *zeigen*, *sagen* lässt es sich nicht. Wichtig ist, angesichts des Unaussprechbaren keinen Kompromiss mit Obskurantismen einzugehen.

FW: Das, was sich nicht aussprechen lässt, ist ja in der Regel das, um was es geht, und es gibt eine Reihe von Autoren, denen daran liegt, diesen Raum des Schweigens zu erforschen, sei es durch eine

Umkreisung oder durch eine direkte Annäherung, die das Verstummen in die Literatur miteinzuschreiben versuchen, auch auf die Gefahr hin, die Sprache womöglich zu verlieren. Blanchot würde ja sagen, Literatur arbeitet immer an der eigenen Auflösung. Das Schweigen ist folglich nicht einfach das Andere der Literatur, sondern das, was es in Bewegung hält, weil die Literatur sich auf irgendeine Weise zu ihm in Beziehung setzen muss. Tucholsky hat kurz vor seinem Tod eine dreistufige Treppe in sein Tagebuch gezeichnet und die unterste Stufe mit Sprechen, die zweite mit Schreiben und die dritte mit Schweigen beschriftet. Auch wenn das bei ihm Ausdruck eines Scheiterns ist, könnte man dieses Modell verwenden und die letzten beiden Stufen vertauschen, sodass es also Sprechen – Schweigen – Schreiben hieße. Das ergäbe ein nicht uninteressantes Denkmodell, da das Schreiben nicht aus dem Sprechen folgt, sondern aus dem nach dem Sprechen kommenden Schweigen. Und da die Treppe dort zu Ende ist, muss man sie zwangsläufig wieder zurückgehen und käme dann vom Schreiben wieder ins Schweigen, wenn man ein Sprechen, also eine direkt adressierte Ansprache anstrebt.

MS: Blanchot ist der Schriftstellerdenker des Außen, des Neutralen, des Desasters. Er bewegt sich zwischen Präsenz und Absenz, Konsistenz und

Inkonsistenz, Licht und Dunkelheit. Sein Einfluss auf Foucault, Deleuze und Derrida ist eklatant. Sie alle suchen das Extrem nicht im falschen Extrem. Nie geht es ihnen darum, die Präsenz zugunsten der Absenz, die Identität zugunsten der Differenz, die Konsistenz zugunsten der Inkonsistenz, das Licht zugunsten der Dunkelheit abzuwerten. Dunkelheit, Inkonsistenz, Differenz und Absenz generieren ihr eigenes Licht, ihre eigene Konsistenz, ihre eigene Identität, ihre eigene Präsenz. Wir bewegen uns in einer intermediären Zone, in einer Art Geisterreich, in dem die einfachen Gegensätze ihre Plausibilität verlieren – ohne zu verschwinden. Das ist das Geisterreich einer ontologiekritischen Ontologie, die sich weder auf einen einfachen Realismus noch einen einfachen Idealismus reduzieren lässt. Es geht um die Erfindung einer neuen Dialektik, deren Komplexität darin besteht, das Inkompossible zu kompossibilisieren, ohne es zu neutralisieren. Das hat auch Adorno mit seiner *Negativen Dialektik* getan. Wie Marguerite Duras, Robert Antelme, Dionys Mascolo, Georges Bataille, Roland Barthes und weitere Figuren aus Blanchots Umkreis verzichtet Blanchot nicht auf den Vektor ins Äußerste. Was nicht heißt, dass er einer dümmlichen Romantik anhängt. Da sind Gérard de Nerval, Hölderlin, Blake, Kleist, Baudelaire, Rimbaud, Artaud, der Surrealismus etc. im Hintergrund, aber auch die konkrete Geschichtserfahrung, die Harmlosigkeit verbietet, Quietismus im Denken, in der Kunst, in der Politik. Blanchot führt das Denken aus seiner Selbstverkapselung. Er reißt es aus seinem Etui. Nur handelt es sich bei ihm, wie bei den Genannten, nicht um juvenile Transgressionsromantik. Er insistiert darauf, dass die Überschreitung apriorisch ist. Das Erhabene, Monströse, Kolossale, Schreckliche, Unheimliche, Inkommensurable oder Absolute hat uns längst erreicht. Es residiert wie ein namenloser Gast in jeglichem Präsenzsystem, in jeder Identitätsbehauptung, der individuellen wie der kollektiven. Es geht darum, an der Kontaktstelle von Möglichem und Unmöglichem zu operieren. Der immer auch überfordernde Aufenthalt an dieser Kontaktstelle und die Bemühung, ihr von hier aus eine Form oder Sprache anzumessen, verbindet Kunst oder Literatur und Philosophie. Immer geht es um das »Verhältnis zu dem, was radikal außerhalb meiner Reichweite ist«, konstatiert Blanchot. Also immer noch um ein Verhältnis! Auch wenn es ins Unverhältnismäßige reicht. Das Andere, das Absolute, das Außen – sind hier und jetzt. Das metaphysische Jenseits lässt sich nicht durch ein reines Diesseits, eine geschlossene Immanenz substituieren. Folgte man dieser Substitutionslogik, täte man nichts, als die alte Logik zu restituieren.

FW: Darauf hat Nietzsche hingewiesen, wenn er den falschen Nihilismus anklagt, der den Ort seiner Negation weiterhin erhält.

MS: Wogegen du angehst, da steckst du noch drin. Das ist das Dilemma der negativen Freiheit. Zuletzt geht es um eine Überschreitung noch der Negativität, wie Hegel wusste. Roland Barthes hat es, wie Lacan, im Hinblick auf Liebe und Sexualität durchdacht. In *Über mich selbst* schreibt er: »Politische Befreiung der Sexualität: eine doppelte Überschreitung, des Politischen durch das Sexuelle, und umgekehrt. Doch das ist noch nichts: stellen wir uns nun vor, daß in das so aufgedeckte, ausgemachte, durchlaufene und befreite politisch-sexuelle Feld … *ein bißchen Sentimentalität* wieder eingeführt wird: wäre das nicht die letzte der Transgressionen? Die Transgression der Transgression? Denn letztlich wäre das die Liebe: die zurückkäme: jedoch an einem anderen Platz.« Das Buch ist von 1975, was seine Brisanz nicht mindert. Der Konflikt zwischen Sexualität und Politik einerseits und Sex und Sentiment andererseits bleibt aktuell. Zum ersten Konflikt kann man bemerken, dass die Politiken des Sexuellen zu seiner Befreiung ebenso unerlässlich waren, wie sie unzureichend blieben, insofern sie den Sex im Akt der »Befreiung« selbst zu maßregeln begonnen haben, um zwischen legitimer und illegitimer, richtiger und falscher Sexualität zu differenzieren. Der befreite Sex sollte alles sein dürfen, außer romantisch und liebesorientiert. Liebe galt als falsches Bewusstsein, dem man mit promisker Indifferenz opponierte. Barthes insistiert darauf, dass der sexuelle Befreiungsprozess – der auf allen Ebenen unabgeschlossen bleibt – sich erst mit der »Überschreitung der Überschreitung« vollziehe. Am Negativismus klebt das von ihm Verneinte. Erst die Aufhebung der Aufhebung führt ins Freie, solange wir unter ihm Freiheit in objektiver Unfreiheit verstehen. Die Wiedereinführung des Gefühls und der Liebe ins sexualpolitisch von der Gefühls- und Liebesideologie bereinigte Feld bedeutet keinen Rückfall in diese. Es geht darum, die Kompossibilität von Sex und Liebe zu bejahen, was nur auf der Höhe der Aporien, die das Produkt der Interferenz beider Dimensionen sind, geschehen kann, ohne erneut falsches Bewusstsein zu generieren. »Nichts zwingt jemanden zu genießen«, schreibt Lacan in *Encore*, »außer dem Über-Ich. Das Über-Ich, das ist der Imperativ des Genießens – Genieße!« Zur Dialektik der (sexuellen) Freiheit gehört deren Verkehrung in Autoritarismus und Unfreiheit. Das ist das Dilemma jeder »Revolution«: dass sie den Keim ihrer Revision in sich trägt. Keine Revolution ohne Restauration. Keine Deterritorialisierung ohne Reterritorialisierung. Keine Befreiung ohne Bevormundung etc. Was tun? Vielleicht gibt es keine Lösung, solange man mit ihr den Ausstieg des Subjekts aus der aporetischen Dialektik assoziiert. Vielleicht liegt die Lösung in ihrer Absenz. Vielleicht bedeutet zu denken, sich in dieser komplexen Dialektik zu halten, um sie auszuhalten, statt nach Erlösung zu schreien. Es ist wie mit der Liebe – sie existiert nicht ohne ein Minimum an Zwang. Es gehört zum Realismus philosophischen Denkens, sich der Unterkomplexität des aktiven Nichtdenkens zu entziehen. Unsere Realitäten sind komplex und inkohärent. Sie widersprechen sich fortlaufend selbst. Auf der Höhe dieses Selbstwiderspruchs artikuliert sich alles, was zählt, in Kunst und Philosophie. Es gilt auch für die Liebe. Wer sich auf sie einlässt, widersteht ihrem Autoritarismus, um die Komplexität einer Realität ohne Gewissheit zu affirmieren. Den Ungewissheitspunkt unserer künstlerischen, philosophischen und amourösen Realitäten hat Lacan das Reale genannt.

FW: Man kommt nicht umhin, in diesem Zusammenhang auch über die Psychoanalyse zu sprechen, obwohl das gewiss eine Gratwanderung ist, sich zu sehr in die Biografie eines Autors hineinzubegeben. Ich komme natürlich über Kafka und Blanchot, bei denen es in gewisser Weise, bei Blanchot direkter, bei Kafka indirekter, um die Bearbeitung eines traumatischen Erlebnisses geht. Bei Kafka ist es nicht *ein* traumatisches Erlebnis, sondern eher eine generelle Verfasstheit, sei sie jetzt existenziell oder familiär. Es gibt bei ihm einen gewissen Fundus an Requisiten, den er immer wieder neu anordnet: die Tür, das Bett, das Kanapee, die Fotografie und so weiter, ganz so, als würde er versuchen, etwas ganz Bestimmtes darzustellen, das ihm im selben Moment entgleitet, sich fragmentiert, auflöst und nur Dinge zurücklässt, die er im nächsten Text erneut in einen Kontext zu stellen versucht. Durch diese verschiedenen Anordnungen wird aber deutlich, dass es einen Rest gibt, der sich nicht in die symbolische Ordnung übertragen lässt, eben das Reale. Eine Definition, die mir einen wichtigen Impuls für mein Verständnis von Literatur und Philosophie gegeben hat.

MS: Heißt das, dass das Reale die realere Realität ist? Was ist Realität? Was ist das Reale? Im Lacan'schen Dispositiv ist die Realität das gedimmte Reale, das sich derselben widersetzt. Zugleich lenkt es sie wie ein Algorithmus. Früher hieß der Algorithmus Gott. Gott nannte man – manche tun es weiterhin – das Subjekt, das den Plan hat. Ein Subjekt, das weiß. Gott ist tot, heißt, da sind nichts als Algorithmen, die keinem Metasubjekt unterstellt sind. Eine Multiplizität von Handlungsanweisungen und Handlungsoptionen, die den Intersubjektivitätsraum wie den Interobjektivitätsraum kontrollieren. Das ist die Realität, gelenkt vom Realen, das keinen Platz in ihr hat. Wie die platonische Sonne ist das Reale unsichtbar im Raum der von ihm erzeugten Sichtbarkeit. Eine Dialektik von Sichtbarem und Unsichtbarem also: eine Gespensterdialektik von Präsenz und Absenz. Evidenz und Inevidenz. Die Sichtbarmachung ihres Codes ist (selbst) Dialektik an der Grenze ihrer Lesbarkeit. Sie beißt sich am toten Gott die Zähne aus. Der Code ist der tote Gott. Heiner Müller sagt: »Die Abwesenheit Gottes ist seine Macht.« Er beschreibt damit die Macht des Codes, der in der Unsichtbarkeit verbleibt. Es handelt sich um eine mathematische Ontotheologie, die sich nicht mehr zwischen Eins und Null entscheiden will. Die Macht der Null ist die Macht des Nichts, das in Heideggers Denken mit dem Sein koinzidiert. Die ontologische Differenz besagt: Das Sein ist kein Seiendes. Es ist von der Ordnung der Null. Das Seiende ist, was ist. Es konstituiert in seiner Multiplizität den Raum der Eins, also die Realität. Der Code, der tote Gott, die Sonne, das Sein, das Nichts, das Reale markieren die selbst unmögliche Bedingung der Möglichkeit von Realität. Unter ihrem Einfluss kommt der Wirklichkeitsraum nicht zur Ruhe. Die Null lässt die Eins erzittern. Die Differenz zwischen Realem und Realität muss in einem zweiten Denkschritt aufgehoben werden. Nachdem eine Trennlinie zwischen Null und Eins, Sein und Seiendem, Realem und Realität gezogen wurde, muss sie aufgehoben oder zumindest in ihrer Unentscheidbarkeit anerkannt werden. Dies gilt es zu denken: Die Realität ist das Reale! Die Eins ist die Null. Das Seiende ist das Sein. Der Konsistenzraum hat seine Wahrheit in der ontologischen Inkonsistenz, die ihn kontrolliert. Realer als die Realität – das einzig Reale an ihr – ist das Nichts, das sie lenkt. Auf dieses Nichts sind Literatur und Philosophie bezogen, wie jede elementare Wissenschaft.

FW: Das Reale ist das Irreale. Es geht eben genau um das, was nicht greifbar ist, um was es sich aber letztendlich immer dreht. Und es ist gerade die Konfrontation mit dem eigenen Tod, die einen das Reale spüren, vielleicht auch nur erahnen lässt. Diese Erfahrung hat Blanchot immer wieder literarisch zu fassen und einzufangen versucht. Badiou stellt der Literatur zwei Fragen: einmal die Frage nach der Sprache, also, kann man sprachlich nachbilden, was sich in der Realität zugetragen hat, kann man dafür ein sprachliches Äquivalent finden, und dann aber, und das ist für mich eine grundsätzliche Frage beim Schreiben, kann man etwas darstellen, das über das Empirische hinausreicht? Badiou gibt sich nicht mit einem Narrativ zufrieden, das etwas abbildet, sondern versteht das Schreiben selbst als eine Form der Erfahrung.

MS: Es geht um den Bruch mit der Empirie in der Empirie, wie bei Adorno. Das meinte ich vorhin mit Nietzsche. Badiou bezieht sich kaum auf Nietzsche, obwohl es ein wichtiges, 2015 in Frankreich publiziertes Nietzsche-Seminar von 1992/1993 von ihm gibt. Was er mit Nietzsche teilt, wie mit Deleuze, der zwei Bücher zu Nietzsche verfasst hat, ist die Affinität fürs Unendliche im Endlichen, allerdings in einem rigoros atheistischen Horizont. Die Kategorie des Bruchs (*rupture)* hat bei Blanchot nicht nur poetologische, sondern auch explizit politische Relevanz. Von Nietzsche sagt Badiou, er breche die Geschichte der Welt entzwei. Was er ein Ereignis nennt, ist Bruch mit der bestehenden Seinsordnung, das heißt auch mit der sozioideohistorischen Matrix. Das Wahrheitsereignis kompromittiert die positive Seinstextur, also unsere Realität. Wie das Lacan'sche Reale ist es das Irreale, insofern es die Realität durchlöchert oder zerreißt. Es schreibt dem Konsistenzversprechen »Realität« die ihm latente ontologische Inkonsistenz (wieder) ein.

Was wir Realität nennen, folgt einer Narration. Sie hilft uns, die Inkonsistenz unseres Realitätszusammenhangs durch Mobilisierung von Fiktionen und Phantasmen zu parieren. Nicht nur die Psychoanalyse Lacans, auch diejenige Freuds ruft zur Rekontaktierung des Realen auf. Auf seine Art tut es schon Hegel. Es geht darum, sich dem Absoluten zu nähern, das, weil es uns nicht vergisst, nie weg war, immer schon bei uns ist und blieb. Philosophie ist nicht approximativ im Sinne eines eher prätentiösen Bescheidenheitspathos, das behauptet, dass wir in einer Bewegung ad infinitum zum Absoluten gefangen sind. Das Absolute ist hier und jetzt. Das ist das Problem! Kafka war sich darüber im Klaren. Bei ihm ist die Tür nicht verschlossen. Die Tür steht offen. Verschlossene Türen sind kein Problem. Erst mit geöffneten Türen stellt sich das Drama der Schwellenerfahrung ein. Nancy spricht vom Zugang zum Unzugänglichen oder der Berührung des Unberührbaren. Wir nähern uns mit solchen Formeln einer atheistischen Ontotheologie.

FW: Badious Frage »Was ist das, das außerhalb des Empirischen liegt« wird in der gängigen Literaturkritik kaum gestellt. Indem er den Titel des Baudelaire-Gedichts »Anywhere out of the world« zitiert, weist er auf eine mögliche Antwort hin. In dem Gedicht geht es um die Verfasstheit einer unruhigen Seele, der von ihrem Besitzer, vielleicht sollte man eher von ihrem Wirt sprechen, alle möglichen Ablenkungen angeboten werden, etwa sich woanders im Zimmer zu platzieren, zu verreisen und so weiter, was die Seele alles ablehnt, bis sie dann am Schluss quasi explodiert und schreit: »n'importe où! pourvu que ce soit hors de ce monde!« – Egal wohin! Ist es nur außerhalb dieser Welt!

Baudelaire stellt quasi das Schweigen der Seele gegenüber der Realität dar, weil sie Teil des Realen ist. Ihr Reich ist nicht von dieser Welt, darum lässt sie sich auch nicht mit weltlichen Dingen beruhigen. Es ist die Unruhe der Seele, von der Augustinus spricht, die natürlich einen ganz bestimmten Ruhepunkt anstrebt, der bei Baudelaire nicht mehr existiert. Bemerkenswert ist ja, dass die Seele wütend explodiert, nachdem sie die ganze Zeit auf die quasi für sie absurden und unannehmbaren Vorschläge hin geschwiegen hat, die sich immer nur auf die Welt, nie aber auf das Reale bezogen.

MS: Man könnte meinen, dass die ruhelos Seele, von der du sprichst, das augustinische Herz des *requiescat in te*, das seine Ruhe sucht in Gott, sich von Hegels Figur der schönen Seele, für die er nur Spott übrig hat, dadurch unterscheidet, dass es im Absoluten zu sich selbst findet, statt sich in romantischer Zerrissenheit zu ergehen. Wie du weißt, hat Hegel mit seiner Jugendromantik gebrochen. Es gibt ein wichtiges Buch von Otto Pöggeler zum Thema, dass Hegels Kritik an der Romantik als Selbstabrechnung darstellt. Eines der lustigsten Kapitel von Hegels *Vorlesungen über die Philosophie der Geschichte* ist das zu Indien. Das klingt, als würde er Woodstock beschreiben, betäubte Hippies, die ihre Flatterhaftigkeit mit Wahrheit verwechseln. Es ist ein gezielter Angriff Hegels auf die dumpfe Drogenromantik seiner Zeit, die Schwärmerei. Was Hegel angreift, ist die das Reale in narzisstische Dämmerzustände fliehende Pseudosubjektivität. Hegel ist kein Idealist, der sich in Reverien ergeht. Sein Idealismus ist ein Materialismus von brutaler Luzidität. Er konfrontiert uns damit, dass wir von Anfang an im Kontakt zum Inkommensurablen stehen und dass das Inkommensurable keine positive Gottheit darstellt. Später setzen Simone Weil und Gérard Granel die Überlegungen zur Leere des Absoluten, das heißt auch zur Kenose, auf ihre Weise fort. Immer geht es ums Nichts im Herzen der Seinstextur. Badious *L'être et l'événement* (dt. *Das Sein und das Ereignis*) bezieht sich auf Sartres *L'être et le néant* (dt. *Das Sein und das Nichts*) und Heideggers *Sein und Zeit*. Das Nichts indiziert die ontologische Inkonsistenz der Realitätstextur, das heißt unserer Welt, aber auch des Subjekts als eines Subjekts ohne Gott. Wir leben unter einem von Göttern entvölkerten Himmel. Der Himmel ist leer, nicht die Welt. In der Welt sein, heißt, von doxologischen Narkotika infiziert zu sein, ob man es gutheißt oder nicht. Es gibt nicht zu wenig Sinn, es gibt unendlich viel davon. Was wir heute konsumieren, ist profanierte Religion: Esoterismen, Selbsterfahrungspraktiken, Sinnplunder, Emonarzissmen, Theoriemoden, Bedeutungskitsch, kurz das, was Nietzsche Götzen nennt.

FW: Während man früher an etwas nicht geglaubt hat, aber nach außen hin so getan hat, als würde man dran glauben, ist es heute umgekehrt, man tut so, als würde man an nichts mehr glauben, während man innerlich zumindest mit einem defizitären Verhältnis zum Glauben herumläuft und deshalb auch für alle möglichen, doch manchmal sehr durchschaubaren Wahrheits- oder Erlösungsversprechen und Orientierungshilfen anfällig ist.

MS: Deleuze und Guattari schreiben: »Es gibt keine Ideologie, es hat nie eine gegeben.« Als linkskritischer Linker bilde ich mir ein, den Satz zu verstehen. Es gehört zur Polittheologie unserer Zeit, sich geschlossen auf die richtige Seite zu retten oder dessen, was man dafür hält, während man in vorkritische Naivität zurückfällt – mit gutem linken Gewissen! Denken – und Denken ist für mich ein Synonym für Linkssein – beginnt in dem Moment, in dem man sich diesen komfortablen Vereinfachungen aktiven Nichtdenkens entzieht. Unsere Wirklichkeiten – ich benutze hier bewusst den Plural – sind überkomplex. Sie lassen sich nicht durch Gute-Gewissens-Attitüden neutralisieren. Während man sich im Bereich der Kunst und der Theorie seine Richtigkeitsanmaßung durch kollektiven Denkverzicht erkauft und sich dabei für kritisch hält, hat die Metaphysik im Finanzsektor überlebt. Finanzökonomie ist eine Gespensterwissenschaft, wie Marx wusste. Wie Derrida hat Joseph Vogl in *Das Gespenst des Kapitals* Marx mit Gespensterontologie und Finanzmetaphysik konnotiert.

FW: Aber ausgerechnet dieser Materialismus löst sich in eine reine Geistigkeit auf, wie man sie sich überhaupt nicht hätte vorstellen können. Gerade dort, wo vorgegeben wird, es handele sich um materielle Güter, ist Transzendenz am Werk.

MS: Vielleicht müssen wir akzeptieren, dass Geist und Materie sich die *eine* Welt ohne Hinterwelt teilen. Wenn Hegel in der Schädellehre der *Phänomenologie des Geistes* meint, dass der Geist ein Knochen ist, dann rematerialisiert er die geistige Substanz, ohne ihr ihre Singularität zu nehmen. Das ist Medientheorie *avant la lettre*. Unser Denken, unser Spiritus, unsere Seele, unser Geist lassen sich nicht von der Hardware entkoppeln. Die Software muss reduzibel bleiben auf die Hardware, aber sie geht nicht restlos in ihr auf. Wenn einem Philosoph wie Kittler im Anschluss an Marshall McLuhans Medientheorie an einer materialistischen Tieferlegung von Heideggers Seinsgeschichte gelegen war, dann auch deshalb, weil Heideggers Physis-Begriff eine materielle Dimension aufweist, diese Tieferlegung also bereits bei Heidegger angelegt ist.

FW: Von Marshall McLuhan stammt ja der Satz: »Wenn jemand festgestellt hat, was Wasser ist, dann war es bestimmt kein Fisch.« Man muss also aus dem Medium hinausgehen, um es überhaupt erkennen zu können. Ich merke deutlich, wie mich eine lineare Bewegung, die auf ein bestimmtes Ziel zusteuert, anfänglich begeistern kann, dass von dieser Vorstellung, etwas erreichen zu wollen, ein Bewegungsimpuls ausgeht. Gleichzeitig taucht schon bald eine Gegenbewegung auf, die diese eindeutige Bewegung zu torpedieren versucht. Vielleicht geht es aber gar nicht darum, sich für eine dieser beiden Bewegungen zu entscheiden, sondern in einem Vor und Zurück, in einem Hin und Her eine Qualität zu erkennen. Um das Wasser zu erkennen, in dem ich schwimme, muss ich aus dem Wasser hinaussteigen, damit mir dieses Wissen aber tatsächlich nützt, muss ich wieder hineinsteigen. Hélène Cixous fragt in einem Text über Clarice Lispector: »Was ist ein Text?« Und beantwortet diese Frage mit dem Satz: »Ein Text nimmt uns als Erstes die Passivität.« Obwohl der Text mich nimmt, muss ich mich dem Text gegenüber aktiv verhalten. Da fällt mir gleichzeitig natürlich Derridas »il n'y a pas de hors-texte« ein, was ja nicht bedeutet, dass es kein Außerhalb des Textes gäbe, sondern dass es keinen Außerhalb-Text gibt. Es ist eine andere Beschreibung des Realen, das nicht als Text erfasst werden kann. Die Frage nach diesem Außerhalb wird aber innerhalb des Textes gestellt. Unwillkürlich bin ich wieder Teil dieser Bewegung, die hin und her geht, weil sie etwas zu erfahren sucht, und wenn es nur das Eingeständnis der Lücke ist. Das Reale als Lücke. Die Seele, der Tod, Gott scheinen sämtlich Verweise auf das Reale, auf das textlose Außerhalb zu sein. Blanchots Romantitel *L'arrêt de mort* ist in diesem Zusammenhang ein passender Ausdruck, weil er in seiner Doppeldeutigkeit beschreibt, dass in dem Moment, in dem man das über einen gefällte Todesurteil begreift – vielleicht sollte man eher annimmt sagen –, der Tod anhält.

MS: Blanchot, Duras, Handke und Cixous verbindet, übers Schreiben geschrieben zu haben beziehungsweise es weiterhin zu tun. Jeder Text dokumentiert die Schreibdynamik selbst. Nie wird etwas mit den Mitteln der Sprache transportiert, ohne dass das Transportmittel Sprache sich nicht mittransportierte. Etwas vereinfacht gesprochen: Die Sprache spricht sich bei diesen Autoren immer auch selbst aus. Sie versteckt sich nicht. Sie ist nicht weniger präsent, als der durch sie vermittelte Gehalt. Alles bewegt sich im Interferenzmuster von Immanenz und Transzendenz, Materialität und Idealität. Transzendenz meint hier nichts positiv Gegebenes, sondern die durch die Inexistenz Gottes erfasste Leere im Herzen der Schrift. Schreiben heißt, dieser Leere Raum zu geben. Es handelt sich um Blasphemie. Wer schreibt, drückt damit seinen Atheismus aus.

FW: Wenn du atheistisch sagst, dann beschreibt das immer noch eine ganz spezifische Negation. Die Frage »Wie kann ich Gott atheistisch denken?« ist natürlich durchaus bedenkenswert, aber eigentlich würde ich in diesem Zusammenhang nach einem völlig anderen, einem losgelösten Begriff suchen, weil ich durch das Alpha privativum immer noch gebunden bin. Vielleicht könnte man dieses Alpha aber auch als Bewegungsform, als Denkform verstehen, mit der ich mich zu lösen versuche. Ich dehne den Begriff so weit, bis er sich endlich auflöst, nicht in eine Begriffslosigkeit, sondern in einen neuen Begriff hinein.

4. Unaufhaltsame Verdunkelung

MS: Das Subjekt der Melancholie erlebt sich als Schauplatz unaufhaltsamer Verdunkelung. Es ist Subjekt der untergehenden Sonne. Noch lebt es, noch ist Licht in ihm. Doch das Licht schwindet, es droht zu verschwinden. Der Melancholiker hält an ihm wie an seinem Leben fest, das auf die Nacht bezogen bleibt, auf den Tod. Melancholie ist Narzissmus. Ohne Spiegel existiert sie nicht. Baudelaire wusste das und mit ihm Jean Starobinski. Im Spiegel der Melancholie erfährt sich das Subjekt als Schauplatz einer Dämmerung, die ihm ursprünglich ist. Das Subjekt ist auf das Gleis seiner Sterblichkeit gesetzt. Die Melancholie ist ein Wachschlaf. Langeweile (*ennui*, *fadesse*) macht sich breit: Leere. Das Nichts klopft an die Tür. Starobinski nennt die Melancholie Baudelaires »intime Gefährtin«. Er schläft mit ihr. Höchstmögliche Intimität: sich Schlaf und Nacht zu teilen, das Unteilbare zu teilen, das Prinzip absoluter Individuation. Angesichts der Leere und des Todes ist jedes Subjekt allein. Liebe ist nichts anderes als der Versuch, mit dem geliebten anderen das Unteilbare zu teilen. Der melancholische Narzissmus riskiert, das Unmögliche zu verunmöglichen, während die Liebe die Möglichmachung des Unmöglichen darstellt. Es gibt Liebe nur als Widerstand gegenüber der Versuchung der Melancholie. Nicht, um die Leere und das Nichts zu leugnen, sondern um sie nicht in narzisstisches Kapital zu transformieren. Nur die zur Traurigkeit transsubstantiierte Melancholie lässt das Subjekt den Kontakt zum Abgrund halten, ohne aus ihm Motive zur Selbstmelodramatisierung zu beziehen. Ein Name für diese Transsubstantiation, die sich unendlich von jedwedem Gott (vor allem aber vom Gott der Selbstvergötterung) entfernt, ist Humor.

FW: In der Melancholie gibt es ja das Bild der schwarzen Sonne, das diesen Zustand sehr gut beschreibt, weil man automatisch zu wissen scheint, was gemeint ist. Aber was ist eine schwarze Sonne eigentlich genau? Hat sie ihre Kraft eingebüßt, ist sie also verfinstert, weil sich etwas über sie gelegt hat, oder ist es eine Sonne, die eine negative Kraft verströmt? Die Melancholie mag ein Spiel sein, aber es ist ein gefährliches Spiel, das einen sehr schnell zu der grundlegenden philosophischen Frage nach einer möglichen Annäherung an das Reale führt, über die wir bereits gesprochen haben. Die schwarze Sonne kommt in einem sehr bekannten Gedicht von Gérard de Nerval vor, das den Titel »El Desdichado« trägt. Schon der Titel wirft sogleich eine Frage auf: Weshalb wählt ein französischer Dichter, der übrigens eine größere Nähe zur deutschen Sprache hatte, immerhin hat er den Faust übersetzt, einen spanischen Begriff? Ich glaube, das hat mindestens zwei Gründe. Zum einen ist der Melancholiker der eigenen Sprache beraubt. Es gelingt ihm nicht länger, sich gemäß der herrschenden Konventionen auszudrücken. Er gleitet auf das Verstummen zu, und auf diesem Weg werden aus allen Sprachen noch einmal Wörter hochgespült, die das Feld der Melancholie umreißen. Dabei ist »Desdichado« eines dieser eigenartigen Worte, die etwas so stark verneinen, dass es den unverneinten Begriff gar nicht mehr gibt. Man könnte das »dicha« allerdings auf das Lateinische »dicta« zurückführen, die gesagten Dinge. Das Gesagte wird verneint und ergibt die Bedeutung des Unglücks. Wir haben also eine reine Verneinung in einer fremden Sprache. Vergleichbar mit dem Gedicht von Baudelaire, »Anywhere out of the world«, das ich bereits erwähnte. Die Sprache ist dem Melancholiker auf vielfältige Weise entfremdet. Nervals Gedicht fängt mit einer Aufzählung an: Er ist der Finstere, der Witwer, der Untröstliche, der Prinz von Aquitanien, und dann folgt eine Paraphrase des Kinderlieds »Clair de Lune«, nur das hier nicht die Kerze erlischt, sondern sein einziger Stern, während seine besternte Laute die schwarze Sonne der Melancholie trägt. Wir ahnen also, dass diese Melancholie ihren Ursprung in der verlorenen Kindheit hat und der Gesang des Barden von der schwarzen Sonne durchdrungen ist.

MS: Was Walter Benjamin von den Figuren Robert Walsers sagt, zeichnet ein Bild des Subjekts nach dem Tod des Subjekts. Die Nachricht vom Tod Gottes – von der erloschenen oder im Erlöschen begriffenen Sonne – hat seine Protagonisten erreicht. Sie ziehen die Konsequenzen aus ihr. Ihre Unbekümmertheit kommt aus dem Zustand einer Unschuld, die sich dem Wissen um die Inexistenz Gottes verdankt. Benjamin schreibt: »Walser setzt ein, wo die Märchen aufhören.« Man könnte es auch so formulieren: Walser setzt ein, wo die Erzählung von der göttlichen Autorität (des panoptischen, richterlichen Auges) sich als Märchen erweist. Walsers Figuren irren in einer Welt ohne Gott umher. Ihre Buntheit, Verwinkeltheit und Undurchdringlichkeit konstituiert das Geheimnis der Immanenz. Sie bewegen sich als Immanenzstreuner im Raum gottloser Rätselhaftigkeit, tiergleich, engelsgleich, mit paradiesischer Sorglosigkeit. Ihre Affinität zu Kindern und Tieren lässt sie durch ihre Wirklichkeiten eher gleiten als schreiten. Das Subjekt ohne Subjektivität, das sie exemplifizieren, ankert in keinerlei Imperialität. Es orientiert sich nicht an einer fixen Natur. Es vagabundiert planlos durch die Welt. Keinen Plan zu haben, keinen endgültigen, aus der teleologischen Matrix herausgefallen zu sein, bedeutet, dass es Zukunft gibt, ein namenloses Morgen, das ohne Heilsversprechen auskommt. Den Grund dafür nennt Benjamin, indem er von Walsers Protagonisten sagt: »[…] sie sind alle geheilt«. Geheilt von dem Wunsch nach Heilung und der Erwartung eines Heilands, geheilt von Eschatologie und Teleologie, geheilt von Messianismen und Utopien. Geheilt, um es auf ein Wort zu bringen, von immanenzloser Transzendenz.

FW: Auffällig ist dabei der Umstand, dass diese Heilung in nach außen hin nicht nur alltäglichen, sondern sogar durchaus bedrohlichen Umständen stattfindet, ganz so, als würden die Figuren Walsers in dem, was andere schreckt und automatisch eine Gegenwehr hervorrufen würde, durch eine Form der Annahme oder Hingabe eine Möglichkeit zur Transzendierung finden. Das wird zum Beispiel schon auf der ersten Seite von *Jakob von Gunten* deutlich, wenn der Erzähler sagt: »Seit ich hier im Institut Benjamenta bin, habe ich es bereits fertiggebracht, mir zum Rätsel zu werden. Auch mich hat eine ganz merkwürdige, vorher nie gekannte Zufriedenheit angesteckt.« Was dann aber anschließend geschildert wird, widerspricht den geweckten Erwartungen, denn die Umgebung ist alles andere als beschaulich. Doch genau dieser auf den Erzähler und seine Mitschüler ausgeübte Zwang scheint sie zu befreien und ihnen bislang ungeahnte Möglichkeiten der Entfaltung zu bieten, bei denen sie selbst nicht wissen, ob dabei am Ende ein »gemeiner Mensch« oder ein »Aristokrat« herauskommt. Normalerweise erwartet man doch, dass sich Möglichkeiten in der freien Entfaltung bieten, hier aber entstehen sie durch Zwang. Es ist eine ganz andere Art, das Diktum »Erkenne dich selbst« zu befolgen, indem man sich quasi erkennen lässt, den Vorschriften folgt und die übergestreifte Uniform akzeptiert. Ich glaube allerdings, dass uns das heute mit dem Abstand von über hundert Jahren eigenartiger erscheint, als es vielleicht damals war.

MS: Typisch für Walser ist, dass sein gesteigerter Realismus – der Blick auf die Welt – sich mit dem Sinn fürs Märchenhafte verbindet. Er beschönigt nichts, weil für ihn die Welt schön ist, samt der Ungerechtigkeiten und Unerträglichkeiten, die ihr angehören. Es gibt einen Nietzscheanismus Walsers, einen Affirmationismus jenseits der

Gutheißung. Walser sagt nicht, dass alles gut ist. Er sagt, dass es ist, wie es ist. Zur ontologischen Dimension seines Werks gehört ein Bejahungsmut, der neugierig statt moralisierend auf das Wirkliche blickt. »Man kann nicht immer im Licht gehen«, heißt es in Carl Seeligs *Wanderungen mit Robert Walser*. Der Satz enthält dessen ganze Poetik. Man muss übertreiben, wenn man von Robert Walser spricht, weil sich alles bei ihm – bis ins Miniaturhafte – zuspitzt. Die Welt, der er sich öffnet, ist selbst eine Übertreibung, voller Inkommensurabilitäten und Hyperbolismen. Sie ist Märchenwelt, ohne fiktiv zu sein. Diese eine Welt ohne Hinterwelt, die der tote Gott hinterlassen hat, der Immanenzraum des Wirklichen, das Diesseits ohne Jenseits, ist nicht nur Gegenstand von Beschreibung und Literatur. Sie selbst ist Literatur, ein Gewebe aus Kontingenzeffekten, das Kausalitäten und Linearitäten aufweist, aber auch abenteuerliche Arbitraritäten, Brüche und Risse, Fluchten und Winkel. Von seinem Roman *Der Gehülfe* sagt Walser, es sei »ein ganz und gar realistischer Roman. Ich brauchte fast nichts zu erfinden. Das Leben hat das für mich besorgt.« Walter Benjamin konstatiert, dass die »Nichtigkeit« bei Walser »Gewicht« sei. Walsers spezifischer Realismus liegt in der Gewichtung des Nichtigen. Sein Schreiben umkreist die Null, als die Jakob von Gunten sich im gleichnamigen Roman erfährt. Es skizziert den Nichtigkeitsstatus aller Realitäten, auf denen sich unser Weltmodell aufbaut. Walser schreibt an der Nulllinie entlang. Das macht ihn so modern.

FW: Walsers Personen trauen sich selbst nicht über den Weg. Die Ambivalenzen, die jeder mehr oder weniger versteckt mit sich herumträgt, spricht Walser offen an und aus. Und das entsprach seiner eigenen Lebenshaltung, wenn er etwa 1923 in einem Brief schreibt: »Früher gab es einen Grafensohn, der in die weite Welt zog, um das Fürchten gründlich kennen zu lernen; ich dagegen zottle hier umher, um zu lernen, wie eine Ohrfeige von Damenhand schmeckt. Noch blieb mein höchster, intimster Wunsch unerfüllt. Die Frauen respektieren mich, ich bin ja auch in der Regel so galant wie kein zweiter«. In der Geschichte, die dann daraus entsteht, »Eine Ohrfeige und sonstiges«, kommt noch eine weitere Ambivalenz zum Tragen. »Ich ging ein anderes Mal ins Theater«, heißt es da, »und wurde von der Garderobenfrau so vertraulich behandelt, daß mir's war, ich wär' ihr Mann. Wäre ich aufrichtig gewesen, so hätt' ich von da an für diese mir doch unbekannte Frau sorgen sollen. Ihr Wesen verpflichtete mich ihr.« Solche Arten von Begegnungen findet man sonst nur noch bei Kafka, alles Zwischenmenschliche scheint einerseits hautnah, im nächsten Moment unüberbrückbar, vor allem durch Machtverhältnisse, Hierarchien und Konventionen bestimmt, in denen das eigene Wollen immer wieder abgelenkt, verändert und schließlich vergessen wird, wie es der Protagonist aus der Ohrfeigen-Geschichte erfährt, der sich treiben lässt, herumbummelt, in einer Welt zwischen Wachen und Träumen, in der er sich selbst aufspaltet, sodass er im Bett »Mütterchen und Kind« spielt oder sich selbst wünscht: »Einen Besen hätte ich nehmen sollen, um mich vorwärts zu wischen.« Er ist also Subjekt und Objekt gleichzeitig. In einer anderen Geschichte, »Das Komische«, kommt der Erzähler in eine alte, stille Gasse und meint nun, dort etwas zu erleben. Kaum hat er den Gedanken so für sich formuliert, erscheint eine Frau und sagt: »Umsonst suchst Du Dich? Verstehst Du mich?« Das könnte über dem gesamten Werk von Walser stehen, man sucht sich, aber man sucht sich umsonst.

MS: Der Text schubst dich von hier nach dort. Das muss man nicht dramatisieren. Es gehört zur Normalität des Lesens, dorthin zu gelangen, wo man nicht hin wollte. Lesen hat nichts mit Selbstvergewisserung zu tun. Wer liest, ist bereit, sich aufs Ungewisse zu entsichern. Lesen impliziert, kaum zu wissen, was passiert. Ein Motiv, das Walsers Texte wie seine Selbstdarstellung dominiert, ist das der Abseitigkeit. Zum Beispiel als »Abseitigkeit vom literarischen Cliquenbetrieb«, wie er Carl Seelig gegenüber präzisiert. Wer abseits ist, ist mittendrin auf Distanz. Walser praktiziert dieses distante Mittendrinsein sein Leben lang. Er kann nicht ohne Gesellschaft sein. Zugleich will er Gesellschaften nur unter Vorbehalt angehören. Immer tritt er einen Schritt zurück. Aus Scheu vor der Vereinnahmung und dem Verlust des Eigenen, das es bei ihm ja kaum noch gibt. Nichts ist Walser wichtiger als Unabhängigkeit. Ohne sie kann man kein Dichter sein. Dennoch flieht er nicht in Einsamkeitspathos und Individualromantik. Ihm gelingt die Balance zwischen Sozialität und Individualität. Er situiert eine Unzahl seiner Figuren auf der dünnen Trennlinie beider Sphären. Wer abseits ist, will den etablierten Realitäten durch Abstand ihnen gegenüber angehören. Statt in metaphysische Hinterwelten zu flüchten, konkretisiert er seinen Aufenthalt im Bestehenden, indem er ihm Inkonsistenzen einträgt, die es rekonfigurieren. Walsers Schreibakt besteht in fortlaufenden Rekonfigurationen seiner Welt. Er hält ihr die Treue, indem er sie verrät, und umgekehrt. Er weiß, dass Immanenz und Transzendenz Pseudoalternativen darstellen. Das Gewebe seiner Texte referiert auf eine mehrschichtige Welt. In ihr kreuzen sich Fantasie und

Realität. Auch deshalb schrieb Benjamin über ihn. Der Autor der *Einbahnstraße* lässt Gespenster mit Kindern verkehren, die Gespenster sind. Ähnlich ist es bei Walser. Die Faszination fürs Abseitige ist Faszination für eine von namenlosen Entitäten bevölkerte Welt. Wer sie im Spaziergang durchläuft, trifft auf sie, um anders auf die Welt zu blicken. Als Aneinanderreihung von Abseitigem und Fremden erweist sie sich als Unvertrautheitszone, die einem Labyrinth aus Verstecken und Ebenen gleicht. Schreiben bedeutet, in dieses Labyrinth einzutreten, um sich beklemmenden Irritationen zu exponieren.

FW: Wenn ich eine halbe Stunde Walser lese, schleicht sich seine Sprache in mein Denken ein, und ich fange an, mein aktuelles Handeln, aber auch mein Leben allgemein in einer ähnlich distanzierten, gleichzeitig subjektiven Art zu kommentieren, als wäre ich selbst eine seiner Figuren. Es gibt bei ihm keinen Unterschied zwischen sich und dem anderen, zwischen dem, der beschreibt, und dem Beschriebenen, zwischen dem banal Alltäglichen und dem Weltgeschehen. Alles ist auf eine Ebene gerückt, wie es eben geschieht, wenn man durch ein Fernglas schaut und auch nicht mehr unterscheiden kann, ob etwas zwanzig oder hundert Meter entfernt ist: Der Blick aus der Ferne lässt alles nah erscheinen. Und das stimmt bei Walser in doppeltem Sinn, weil man das Nahe dennoch nicht greifen kann.

MS: Schreiben heißt, mit sich selbst zu kämpfen, gegen sich aufzustehen. Wer schreibt, tritt in ein kriegerisches Verhältnis zu sich. Bevor er die Außenwelt inspiziert, registriert der Schreibende ihre diese Inspektion ansteckenden Effekte. Er verstrickt sich in heikle Kreditverhältnisse, die er alternativlos affirmiert. Schreibend nimmt er eine Anleihe beim Bekämpften, bevor er es zu problematisieren unternimmt. Es gibt keine Unschuld des Schreibens. Wer schreibt, wirft sich ins Ungewisse. Schreiben heißt, sich bei der Entzauberung seiner Evidenzen zuzusehen.

FW: Du entwirfst hier natürlich ein sehr idealistisches Bild des Schreibens, das wahrscheinlich in verschiedenste Richtungen diffundieren würde, sobald man es genauer betrachtet, denn auch hier, wie so oft, erhofft man sich, glaube ich, durch das Schreiben erst einmal eine Stabilisierung. Ich vertraue mich dem Schreiben an, weil ich dort keine Gegenrede zu befürchten habe. Dann aber entwickelt das Schreiben seine eigene Dynamik, zum einen werden Gedanken überprüfbar, die hingesprochen oder nur angedacht unklar bleiben und schnell wieder verschwinden, zum anderen schafft man im Geschriebenen –

ich gehe jetzt erst einmal vom autobiografischen Schreiben aus – eine eigenständige Persona, die ihre eigenen Gesetze konstruiert, mit denen man sich auseinandersetzen muss. Das kann natürlich auf ganz vielfältige Art und Weise geschehen, und nicht selten fällt der Schreibende auf das von ihm selbst Geschaffene herein. Mir fiel das zum Beispiel sehr deutlich bei den Briefen auf, die Sylvia Plath an ihre Mutter schrieb, das sind ja jetzt vorgeblich keine literarischen Werke, tatsächlich entwirft sie dort aber eine Persona, an der sie später zerbrechen wird. Bei den Denkern ist das natürlich anders, aber auch hier wird im Denken unwillkürlich immer ein Denkender mitentworfen. Es gibt da verschiedene Gegenmittel, um dem zu entkommen: wie Joyce die Sätze mit sprachlichen Mehrdeutigkeiten aufladen, um sie selbst zum Sprechen zu bringen, oder wie Proust ein assoziatives Gewebe flechten, das weit über das Individuelle hinausreicht, obwohl es nichts anderes darzustellen scheint, oder am radikalsten Gertrude Stein, die den Schreibprozess als solchen thematisiert. Sie ist mit ihrem Schreiben ganz nah am Performativen, auch wendet sie sich gegen alles, was man gemeinhin als guten Stil bezeichnet. Ihr Schreiben lebt von Wiederholungen, kleinen syntaktischen Veränderungen, sie löst die Form auf, lässt sich nicht von sprachlichen Regeln einengen, sondern vertraut sich ganz dem Text an. Sie selbst weiß nicht, wo der Text hingeht, weiß nicht, was der Text sagt. Es ist immer auch ein philosophischer Ansatz, eine Form der Wahrheitssuche durch die Sprache selbst.

MS: Die Schreibdynamik bezieht sich auf die ontologische Inkonsistenz der Realität, innerhalb derer sie stattfindet. Es passiert nicht im luftleeren Raum. Vieles spielt eine Rolle, bei Nietzsche spielt das Klima eine Rolle, die gesundheitliche Verfassung spielt eine Rolle …

FW: … und natürlich auch das Essen. Es gibt doch ellenlange Aufzählungen von all den Speisen, die er nicht verträgt.

MS: Das ist eine Diätetik, die bei Nietzsche mitläuft, und eine Geophilosophie. Beide implizieren den Bruch mit der Substanzontologie, indem sie den Substanzen zweiter Ordnung Gewicht beimessen. Das Subjekt ist durch außerphilosophische Arbitraritäten oder Akzidenzien (Unfälle) konstituiert, durch Situativität: seine Nahrung, die Wetterverhältnisse, seine körperliche Verfassung etc. Eigentlich eine Selbstverständlichkeit. Manchmal reagieren wir auf Umwelteinflüsse so stark, dass der Schreib- oder Denkakt zur Reaktivität gerinnt. Dann gibt es diese Euphemisierung oder Sublimierung der Schreibdynamik. Das ist der Versuch, auch in der Vorstellung einer *écriture automatique*, den dionysischen Ungrund sprechen zu lassen, durch sich als das Medium einer Art postreligiösen Transzendenz.

FW: Die *écriture automatique* bietet enorme Chancen, weil man merkt, dass es Ebenen gibt, die man anzapfen und für sich nutzbar machen kann, allerdings kommt man schnell an einen Endpunkt, wenn man sich ihr völlig überlässt, weil die dritte Begegnung eines Regenschirms mit einer Nähmaschine auf einem Operationstisch dann doch nicht mehr so umwerfend ist. Es braucht die Spannung zwischen dem Automatismus, dem Unbewussten und dem Bewussten. Der Surrealismus war für mich eine wichtige Bewegung, auch der Versuch, die Psychoanalyse durchaus brachial in eine Praxis zu übertragen. Der Surrealismus bringt etwas mehr Spannung in die Ablehnungshaltung von Dada und daraus ergibt sich eine konkret politische Ebene, wie etwa bei Aragon oder generell durch die Auseinandersetzung mit dem Kommunismus.

MS: Vergessen wir nicht, dass Lacans Psychoanalyse in die Zeit des Surrealismus zurückreicht. Wir haben über das Reale gesprochen – *le réel* –, das nicht identisch ist mit der Realität, sondern das Loch in der Realitätstextur markiert. Durch dieses Loch geht etwas hindurch. Der Windhauch des Chaos, mit Nietzsche, mit Deleuze und Guattari in *Was ist Philosophie?*. Wir müssen das Fenster öffnen, um den Lufthauch des Chaos hineinzulassen, der unsere Gewissheiten und Evidenzen zum Wirbeln bringt. Wir müssen Chaos in die Ordnung bringen. Das steht noch bei Adorno und taucht später im Gespräch zwischen Alexander Kluge und Heiner Müller auf. Diese Vorstellung, die sich mit urrealistischen Fantasien verbindet und mit der Überzeugung, wir müssten inkommensurablen Größen Raum geben, die durch unsere Realitätskonzepte und Subjektvorstellungen niedergehalten werden. Ich denke, dass es am Ende darum geht, den Status dieses Realen, also den Status auch des Imaginären in diesem Sinne oder des Irrealen, dass das Lacan'sche Reale ist, also dieses Irrealitätspunktes inmitten der Realitätstextur, die die eigentliche Fiktion oder Konstruktion darstellt – diesen Status präziser zu benennen. Breton ist etwas anderes als Artaud. Vorhin hast du vom Schmerz gesprochen. Bei Artaud gibt es die Imagination, Bestohlener zu sein. Sein Geist wurde ihm entwendet. Da gibt es etwas, was wir nicht mehr eine Fantasie nennen können, weil es brutalst in die Realitätstextur dieser Person interveniert und den Text dadurch bestimmt. Man könnte sagen, dass Artaud keine

Zeit hat, sich in einen Vulgär-Freudianismus zu flüchten. Denn er hat wirklich ein Problem. Der Schmerz ist da. Artaud geht nicht auf Schmerzsuche, er ist vom Schmerz heimgesucht. Von hier kommt der Impuls zum Schreiben. Von einem Außen, das ihn durchdrungen hat. Duras spricht vom »inneren Schatten«. Das ist ihre Kategorie des Unbewussten, auch wenn sie das nicht so akzeptieren und mit Freud in Verbindung bringen würde. Klar ist: Der Impuls zum Schreiben, der Zwang – ohne das zu romantisieren, zu sublimieren, also daraus eine Künstlerromantik zu generieren – kommt von außen. Der kommt nicht aus einem tiefen Inneren. Denn das tiefe Innere ist nichts als romantischer Kitsch.

FW: Bei Lacan ist das Unbewusste das Andere. Es ist die Ordnung der Sprache und Kultur, die sich in ihm wiederfindet. Das unterscheidet sich schon sehr von der Freud'schen Auffassung. Gerade als Schreibender öffnet die Theorie Lacans da etwas, weil man sich ohnehin ständig mit der symbolischen Ordnung auseinandersetzt. Der Schatten, den du gerade in Bezug auf Marguerite Duras zitiert hast, erinnert natürlich an Jung. Wenn bei Lacan das Unbewusste in mir der Andere ist, so begegnet mir das Unbewusste und vor allem das Verdrängte bei Jung im Anderen als Schatten. Ein märchenhaftes Motiv mit vielen Varianten: dass man den Schatten verliert, Angst vor dem eigenen Schatten hat, nicht über den eigenen Schatten springen kann und so weiter. Vor allem aber wirft man einen Schatten ganz unwillkürlich, je nachdem wie das Licht auf einen fällt, und verschattet damit die Personen und Dinge, die einen umgeben.

MS: Es gibt ja noch einen anderen Ausdruck bei Duras, in einem ihrer gelungensten Texte, in *Emily L.* (Emily Dickinson steht im Hintergrund). Das ist ein kleiner Roman, den man an einem Nachmittag lesen kann. Mit *Die Verzückung der Lol V. Stein* gehört er zu den besonders enigmatischen Texten von Duras. *Lol V. Stein* ist, glaube ich, von 1964 und *Emily L.* von 1985. Da gehts um Kontaktierung des Wahnsinns. Duras rührt durch die Schreibbewegung an einen Abgrund. Hier liegt kein Pathos. Wenn Nietzsche vom dionysischen Ungrund spricht, dann ist da auch schon dieser Abgrund angesprochen. Oder bei Schopenhauer – vorhin haben wir über Houellebecqs Schopenhauer-Buch gesprochen – der blinde Wille, die Blindheit also, auf Französisch *aveuglement, cécité*. Das ist etwas, was bei Duras eine Rolle spielt: Mit blinden Augen sehen! Da ist natürlich die Nähe zu den Autoren, die wir genannt haben, dass die Schreibdynamik verbunden ist mit der Bereitschaft, in eine Blindheit oder Kopflosigkeit einzuwilligen, die nicht identisch wäre mit komplettem Kontrollverlust. Es handelt sich um präzise Kopflosigkeit, um exakten Wahnsinn, wie bei Artaud. Man lockert die Zügel, um sich vom Pferd Kafkas oder Wittgensteins ins Unbestimmte reißen zu lassen, dass das Subjekt, die Ratio, die Vernunft sich auf etwas verlassen muss – auf eine Energie, die Synonym für die Unkontrollierbarkeit selbst ist.

FW: Emily Dickinson ist einzigartig in ihrem scheinbar vorsichtigen Tasten, das sich immer wieder selbst unterbricht und scheinbar aufhält mit Gedankenstrichen und Zeilenbrüchen, um dann Formulierungen und Bilder zu finden, die einen nicht mehr loslassen: »My Life had stood – a Loaded Gun«. Oder, einer meiner Lieblingsverse überhaupt, vier Zeilen, sechs Gedankenstriche: »This is the Hour of Lead – / Remembered, if outlived, / As Freezing persons, recollect the Snow – / First – Chill – then Stupor – then the letting go –«. Weiter fällt mir natürlich *Ein Landarzt* ein. Eine Geschichte, in der man gut sehen kann, wo Kafka, um im Bild zu bleiben, die Zügel anzieht und dann wieder locker lässt, wodurch die Geschichte ungeheuer eindrücklich wird, gerade weil sie nicht so abläuft, dass man sie als surreal abtun könnte. Kafka hätte ja auch Surrealist sein können, zumindest was die Epoche angeht, aber er tappt nie in die Falle der surrealistischen Fantasterei, wo dann eine brennende Giraffe durchs Bild läuft und eine Uhr schmilzt. Er behält die alltägliche Erfahrung immer als Bezugsrahmen bei, wenn auch weniger direkt als Robert Walser.

MS: Kann man nicht sagen, dass Kafka die Inkonsistenzen, also die zerfließenden Uhren, nicht suchen gehen muss, weil sie ihn längst heimgesucht haben? Dass es bei seiner Schreibbewegung um ein originäres Heimgesuchtsein geht, das viel interessanter ist als bei denjenigen, die mit trockenen Füßen auf der Suche nach dem Unheimlichen sind. Wenn das Unheimliche von dir Besitz genommen hat, wie bei Artaud, wie bei Kafka, wenn du dich als Bestohlener deiner Identität oder deines Lebens nicht nur imaginierst, sondern erfährst, dann brauchst du diese Imagination nicht mehr. Dann ist der Vulgärsurrealismus eine Beleidigung. Ich glaube, dass Artaud das so erfahren hat. Wie du weißt, gibt es den Briefwechsel mit Rivière, der die *Nouvelle Revue Française* macht. Artaud will dort publizieren. Und Rivière schreibt ihm: Was Sie gut können, ist erklären, warum Sie es nicht können. Schreiben, dass sie nicht schreiben können, ist Ihre Stärke. Und hier kommt eine Komplexität ins Spiel, die bei Breton nicht auftaucht.

FW: Breton ist eine Gegenfigur zu Artaud, der das Schreiben nie mehr wirklich infrage gestellt hat, nachdem ihn Jacques Vaché einmal auf die richtige Spur gebracht hatte. Breton ist vom Wahnsinn fasziniert, aber Artaud lebt ihn und kann ihn deshalb, im Gegensatz zu Breton, auch nicht verwerten.

MS: Man könnte daraus eine Ermutigung zum Bruch mit peinlicher Künstlerromantik beziehen. Wenn jemand verrückt ist, dann will er nicht verrückt sein. Wenn jemand Schmerzen hat, verliert er die Option, seine Schmerzen zu poetisieren. Poetisierbare Schmerzen sind keine! Da gibt es die Schmerzensfigur Artaud, der alternativlos ist in dieser schwierigen Existenz. Das Pathos von Artaud ist deshalb nicht pathetisch. Bei Artaud gibt es nichts als Direktheit. Er kontaktiert das Fleisch.

FW: Es ist eine direkte körperliche Bewegung, wenn er etwa nach Mexiko reist oder nach Irland, wo er das Jüngste Gericht erwartet, mit dem Stock, der angeblich von Jesus stammt und über den Heiligen Patrick an ihn weitergegeben wurde, so als wollte er sich bewusst in die Historie einklinken. Wobei sich wahrscheinlich nicht genau entscheiden lässt, ob es ein Suchen oder ein Entfliehen ist, ähnlich wie bei Wittgenstein, wenn er nach Trattenbach geht.

MS: Wittgenstein hatte Angst davor, durchzudrehen.

FW: Er spürte die Möglichkeit, verrückt zu werden, auch als Bedrohung, die von einem Ort ausgeht, zu dem man keinen direkten Zugang hat, mag man sich auch noch so sehr damit beschäftigen. Der Wahnsinn hatte für ihn damit auch eine metaphysische Komponente, verwies andererseits direkt auf eine mögliche Lebenspraxis, wobei sich sein letzter Satz in mehrfacher Hinsicht interpretieren ließe: »Sagt ihnen, ich hatte ein glückliches Leben.«

MS: *Tell them I've had a wonderful life.*

FW: Man fragt sich hier automatisch, ob es sich um eine Art Zitat handelt, vergleichbar mit dem »Non dolet, Paete«, also eine Form der Anleitung, oder ob er am Ende das Suchen als Wahrheit erkennt und sich damit, ähnlich wie Sisyphos, als glücklich imaginiert.

MS: Im *Vortrag über Ethik* (und anderswo) ist die Kategorie des Wunders zentral. Was ist das Wunder bei Wittgenstein? Es indiziert das nackte »Dass« der Welt. Dass die Welt existiert, ist das Wunder – nicht *wie* sie ist, sondern *dass* sie ist. Warum ist überhaupt Seiendes und nicht vielmehr Nichts? Im Hintergrund steht Leibniz. Warum gibt es, was es gibt? Dass es so oder so ist, ist rätselhaft genug – *warum* es überhaupt ist, ist eine Frage, die das Denken in den Wahnsinn reißt.

FW: Ich denke, dass ihn die Angst vor dem Wahnsinn, besser vielleicht die Frage, »Wie wahnsinnig bin ich?«, überhaupt dazu befähigt hat, Sprache neu zu hinterfragen. Man kann da Artaud und Wittgenstein nicht direkt miteinander vergleichen, auch weil Wittgenstein in einer gewissen Distanz zum Wahnsinn geblieben ist. Es gibt da noch diese andere Geschichte, als seine Schwester ihn fragt: »Warum verkomplizierst du dir dein Leben eigentlich so und bist nicht einfach glücklich?« Wittgenstein vergleicht daraufhin seine Schwester mit jemandem, der in einem Zimmer ist und durch das geschlossene Fenster nach draußen schaut, wo gerade jemand mit seltsamen Körperverrenkungen über die Straße geht und sich wundert, warum er nicht einfach ganz normal geht, diese Frage aber so nur stellen kann, weil er nicht mitbekommt, dass dort draußen gerade ein starker Sturm wütet. Wittgenstein hat quasi im Orkan gedacht, er hat sich nicht hingesetzt und abstrakt über die Sprache reflektiert, sondern kam aus einer inneren Notwendigkeit auf seine Themen. Das kann man schon an der Tatsache erkennen, dass er den *Tractatus* an Russell schickt und fragt: »Ist das jetzt völliger Blödsinn, was ich da mache, oder steckt da etwas dahinter?« Diese Unsicherheit, die automatisch entsteht, wenn man das Wagnis unternimmt, sich auf ein unerforschtes Terrain zu begeben.

MS: Du weißt, dass Russell eine Sekunde gezögert hat, ob er es in Bezug auf Wittgenstein mit einem Genie oder einem Verrückten zu tun habe.

FW: Weshalb er Moore fragte, was der von Wittgenstein halte. Und der antwortete: Er muss begabt sein, weil er der Einzige ist, der in meinen Seminaren verwundert dreinschaut. Foucault war sich als junger Dozent auch seinem Studenten Derrida gegenüber unsicher.

MS: Derrida ist Foucaults Schüler. Die Altersdifferenz ist gering, beträgt vier Jahre. Foucault ist 1926 geboren und Derrida 1930.

FW: Auch da gab es dieses Zögern. Eine Besonderheit ist in ihrem Entstehen wahrscheinlich nie ganz klar auszumachen. So wie Gide als Lektor bei Gallimard Proust abgelehnt hat.

MS: Das Zitat bei Gide, so wie ich es im Kopf habe: Ich mag vom Hals abwärts stumpf und unsensibel sein, aber ich kann einfach nicht begreifen, warum jemand wie Proust fünfzig Seiten braucht, um zu beschreiben, wie man sich im Bett umdreht. Bei Wittgenstein gibt es das Ins-alte-Chaos-Hinabsteigen. Das Chaos ist, was dem Logos seine Inkonsistenz einschreibt. Platon gibt der abendländischen Philosophie eine erste systematische oder quasisystematische Konsistenz. Da geht es auch um die Emanzipation vom Chaos.

FW: Da kommt man wieder auf Badiou und das, was er über die Verbindung von Philosophie und Dichtung gesagt hat, dass Parmenides zwar der Poesie die Selbstermächtigung genommen hat, aber genau darum kein richtiger Philosoph war, weil er mit der Dichtung noch in einem engen Zusammenhang stand und seine philosophischen Begriffe noch zu nah an der Poesie waren.

MS: An der mythischen Substanz.

FW: Während Platon eine striktere Teilung vornimmt und den Dichter verurteilt.

MS: Er teilt, indem er verurteilt. Die Dichter aus der Polis ausschließt. Die Musik ist ein Problem, das Flötenspiel.

FW: Während bei Aristoteles die Poesie wieder als Kategorie in die Philosophie integriert wird.

MS: Wenn man etwas gemein wäre, könnte man sagen: Aristoteles bürokratisiert Platon.

FW: Ich dachte immer, Bürokratisierung ist gerade der Ausschluss von Poesie, nämlich Kennzeichnung der verwalteten Welt, in der es keinerlei Schlupfwinkel mehr gibt.

MS: Nicht bei Niklas Luhmann. Es gibt dieses klassische Buch von 1923 von Werner Jäger zu Aristoteles, der als Schüler Platons Dialoge verfasst hat, also die Form seines Lehrers übernommen hat. Platon bricht im Medium des Dia/Logos mit den mythischen Anteilen, die dem Logos auf irreversible Weise angehören. Der Logos wird sich nie restlos von seiner mythischen Herkunft emanzipieren. Das wäre vielleicht der Idealismus, den man Platon unterstellt. Es gibt andere Möglichkeiten, ihn zu lesen. Man kann Platon als Immanenzdenker denken. Was ist sein Fluchtpunkt? Wenn wir vom Unbewussten sprechen oder vom Realen Lacans oder vom Nichts Sartres oder der Kategorie des Unheimlichen bei Heidegger, geht es um den Inkonsistenzpunkt unserer Realitätsarchitekturen. Das ist auch bei Platon benannt. In der *Politeia* ist es, glaube ich, die Stelle 509b, wo die Idee des Guten (*idéa tou agatoú*) als jenseits des Seins (*epékeina thes ousias*) bestimmt wird. Was heißt das? Wenn man das lacanianisch lesen würde, müsste man sagen: Die Seinstextur, sagen wir die Realität, ist durch imaginäre und symbolische Pseudokonsistenzen aufgebaut. Sie konstituieren das Realitätsgefüge, seine Konsistenz. Die höchste Idee, die Idee der Ideen, gehört dieser Textur selbst nicht an. Sie wird mit der Sonne assoziiert, mit einer schwarzen Sonne, die die Sichtbarkeiten in ihre Sichtbarkeit hebt, ohne dem Sichtbarkeitsspektrum anzugehören. Eine unsichtbare Sonne also. Lange bevor François de La Rochefoucauld vom unmöglichen Blick in die Sonne spricht, die er mit dem Tod konnotiert, ist bei Plato ein Bild für die ontologische Inkonsistenz gefunden. Die Spitze der Pyramide gehört der Pyramide nicht mehr an. Sie zeigt ins Nichts. Oder ins Reale Lacans, seiner strukturalen Psychoanalyse, getarnt als Fortführung Freuds.

FW: Getarnt als Rückkehr zu Freud.

MS: Dabei stellt sie einen massiven Bruch mit Freud dar: als Entnaturalisierung seiner Kategorien. Vielleicht, weil Heidegger dazwischenkam. Heidegger hat Freud nicht ernst genommen, weil er ihm zu ontisch-empirisch war, während Heidegger nahezu protostrukturalistisch dachte. Jedenfalls steht Heidegger zwischen Freud und Lacan, lange bevor das Wort Diskursanalyse auftaucht. Das Faszinierende an Lacan ist die Heterogenität der Einflüsse. Lacan ist Sartrianer, aber er ist auch Heideggerianer. Er ist Hegelianer und schreibt über Kant und de Sade, exerziert die Engführung von Sadismus und formaler Wertethik, wenn man so will. Seine Texte sind affirmativ, solange Affirmation Bejahung des Realen meint. Sie sind analytisch, nicht kritisch (im naiven Wortsinn, der heute dominiert). Das ist ein enormer Unterschied.

FW: Außerdem ist die Literatur, Poe, Joyce und so weiter, ein ganz wichtiger Einfluss.

MS: Wenn man Lacans Humor ignoriert, versteht man nichts. Lacan ist unfassbar lustig. Dirk Baecker hat über Luhmann gesagt, dass er ein Humorist auf systemtheoretischem Niveau sei. Bei Lacan gibt es einen unbestechlichen Humor. In den Vorlesungen: einen Negativ-Flirt mit den Studierenden, der an Beschimpfung grenzt. Das heißt auch: ein Sie-Aufziehen, ein Sie-Herausfordern, ein Piksen, die kokette Bereitschaft, sie zu unterschätzen, damit sie ihm widersprechen und ins Denken kommen. Das ist seine spezifische Mäeutik. Diese Art der Pädagogik würde heute (von der politischen Korrektheit) als Kränkung der Schüler durch den Lehrer empfunden. Wer nicht beleidigt werden will, sollte weder Psychoanalyse noch Philosophie studieren! Philosophie und Psychoanalyse halten eine Unzahl narzisstischer Kränkungen für jeden von uns bereit.

FW: Humor ist eine wichtige Kategorie bei Lacan, ebenso bei Wittgenstein, bei Kafka ohnehin, oder bei Kierkegaard, aber eben bei Artaud nicht. Bei Artaud stehen wir am Abgrund, wo eine Entscheidung für den Humor nicht mehr möglich scheint – wobei ich mir allerdings nicht ganz sicher bin, ob man sich überhaupt bewusst für den Humor entscheiden kann. Kierkegaard würde sagen, dass Humor und Dramatik auf demselben beruhen, nämlich einem Widerspruch, der sich nicht auflösen lässt. Wenn das Endliche mit dem Unendlichen in Konflikt gerät, dann ist es dramatisch, und wenn das Unendliche sich in den Fangstricken des Endlichen verheddert, dann ist es komisch – das wäre seine Unterscheidung. Und obwohl oder gerade weil Kierkegaard der Philosoph von Angst und Verzweiflung, Furcht und Zittern, Krankheit zum Tode und so weiter ist, wird alles von sehr viel Humor getragen. Es ist vor allem natürlich die romantische Ironie der Infragestellung des Selbst. Das ist bei Artaud anders, er erlebt den Wahnsinn und die daraus resultierenden gesellschaftlichen Reaktionen viel direkter – am eigenen Leib. Es ist eine Art Passionsgeschichte. Und dennoch wäre zu fragen, ob nicht auch hier Humor wirksam werden könnte. Ich mochte *Das Leben ist schön* von Benigni nicht besonders, aber es steckt doch eine grundlegende Wahrheit in dem Ansatz, das unausweichliche Schicksal als Spiel zu inszenieren und so zu tun, als würden mir die Regeln dieses Spiels nicht vom Schicksal diktiert, also die Gedankenleistung zu erbringen, ein eigenes Regelwerk auf dem mir aufgezwungenen zu errichten, das einerseits abhängig ist, andererseits aber so selbstständig, dass es in der Lage ist, gegen seine eigene Grundlage zu opponieren.

MS: Wenn du dich als Bestohlener deiner Existenz imaginierst, es existenziell tatsächlich so erfährst – dann ist der Raum des Humors unmittelbar verschlossen. Kafkas Humor ist nicht immer lesbar. In den Tagebuchaufzeichnungen – eine existenzielle Dramatik, die an Verzweiflung grenzt. Natürlich auch dieses Sich-verwandt-Fühlen mit Kierkegaard, man gehöre auf dieselbe Seite der Welt etc. Kafka hat in Kierkegaard jemanden gefunden, der ihm das Gefühl gab, nicht alleine zu sein. Und dennoch: Von Kafka ist auch das Lachen überliefert, in bestimmten

Texten über ihn, die Bereitschaft, sich zu freuen, was einen gewissen Mut erfordert. Von Max Brod wird überliefert, dass er sich über Texte von Robert Walser auf kindliche Art freuen konnte. Klar wird in dessen Texten, dass wir nicht eindeutig trennen können zwischen Fiktion und Realität, Dichtung und Wahrheit, um den Goethe-Titel zu nennen. Das sind Dinge, auf die Derrida sich bezogen hat. Mit dem Tod Gottes haben wir das Kriterium verloren, Fiktion von Realität auf eindeutige Weise zu unterscheiden.

FW: Welche Bedeutung hat das Wunder bei Wittgenstein denn genau? Das Wunder ist ja ein Einbrechen des Unendlichen ins Endliche oder vielleicht eine Sichtbarwerdung des Realen, also immer auch ein Heraustreten aus der symbolischen Ordnung.

MS: Bei Wittgenstein besteht das Wunder statt im *Wie* der Welt in ihrem nackten *Dass*: dass sie existiert, gewissermaßen grundlos, ist das Wunder. Bei Sartre – in *Das Sein und das Nichts* – markiert es das Loch in der Realität. Als Loch der Freiheit präfiguriert es das Reale Lacans. Man muss Lacan als Sartrianer lesen, nicht, um ihn in eine Abhängigkeit zu setzen – er hat natürlich ein eigenes Werk hevorgebracht –, sondern um zu sehen, dass es da Strukturhomologien gibt. Auch

Duras umzirkelt dieses Loch und verläßt damit die Literatur, im Akt ihrer Neubestimmung als *écrire*. Literatur ist für sie konfektioniert, kennt eine konsistente Geschichte mit verläßlichem Plot, wiedererkennbaren Charakteren etc. Wie bei Blanchot gibt es da eine gespenstische Dimension. Blanchot, der sein Leben als Gespenst gelebt hat – es existieren kaum Fotografien von ihm –, ist eine komplexe, schwierige Figur, die rechtsorientiert, ursprünglich konservativ war, elitistisch und aristokratisch, bis er sich nach links gewandt hat, eine andere Richtung nahm, sich in eine höhere Komplexität entwickelt hat. Blanchot zu lesen, heißt, noch mal lesen lernen, anders lesen lernen. Duras' *Die Verzückung der Lol V. Stein*, Blanchots *Thomas der Dunkle* sind Texte, die uns den Boden unter den Füßen wegziehen. Plötzlich ist der Boden nicht mehr da. Das ist die Erfahrung des Abgrunds, des Chaos, die auch bei Wittgenstein und Heidegger da ist, Hölderlins »Fehl Gottes« und so weiter. Ich vereinfache hier massiv. Ich will nicht sagen, dass es alles dasselbe sei. Sicher nicht.

FW: Wenn man die Mystiker liest, gleichgültig ob das nun Sufi-Mystiker, christliche Mystiker, jüdische Mystiker oder buddhistische Mystiker sind, dann wird dort immer von sehr Ähnlichem, um nicht zu sagen vom selben geredet. Natürlich gibt es Unterschiede, entsprechend dem jeweiligen Kulturkreis, die einen beziehen sich auf Götter oder das Tao, die anderen auf Gott, die dritten haben Gott schon aufgelöst und beziehen sich auf das Nirwana, aber es scheint eine gemeinsame Erfahrung zu geben, vielleicht ist es eher eine Erfahrungsweise, die am Anfang steht und um deren Vermittlung es vor allem geht, nicht um die abstrakte Entwicklung einer Theorie. Und so sucht man Ähnlichkeiten, um sich innerhalb der symbolischen Ordnung an etwas heranzuarbeiten, von dem man weiß oder zumindest ahnt, dass es außerhalb steht, zumindest innerhalb der symbolischen Ordnung nicht auszudrücken ist. Da bietet sich als Weg natürlich an, die symbolische Ordnung selbst in einen Zustand der Auflösung zu bringen, indem man sie mit dem Schweigen konfrontiert wie Blanchot oder Beckett oder umgekehrt so stark auflädt, dass sie zerspringt, wie Mallarmé oder Joyce.

MS: Ich denke an John Cage, *Silence*.

FW: Bei Cage würde es darum gehen, den Zufall, die Kontingenz, in das ordnende Element zu integrieren oder selbst als Ordnungsprinzip zu begreifen. Cage ist auch insofern interessant, weil er zwischen den zwei genannten Ansätzen steht, er hat sich gleichermaßen für Joyce interessiert wie für die Reduktion des Zen. Außerdem ist er Pilzsucher wie Handke.

MS: Soll man von einem Materialismus der Leere sprechen? Die Leere ist nicht das totale Draußen. Sie ist das Nichts im Herzen der materiellen Textur, die wir Realität nennen. Ich denke an den Schluss von Nietzsches *Zur Genealogie der Moral*: »Lieber will noch der Mensch das Nichts wollen, als nicht wollen.« Hier lässt er, wie Hölderlin, die Sterblichen an den Abgrund reichen. Heidegger nimmt das in seinen Hölderlindeutungen auf, die der Literaturwissenschaft zu Recht Sorgen bereitet haben. Da wird das Subjekt ontotopologisch lokalisiert als eine Größe, die auf das Chaos, auf das Nichts, auf die Leere geöffnet bleibt. Das sind unterschiedliche Begriffe, die aber eine Verwandtschaft aufweisen. Mich hat früh die Idee interessiert, dass diese Wüste, die sich da auftut, das Subjekt zu verwüsten droht. Die Wüste wächst, sagt Nietzsche. Die Wüste des europäischen Nihilismus hat Einzug ins Herz eines Subjekts ohne Subjektivität gehalten. Was passiert da? Das Subjekt ohne Subjektivität ist ohne Programmierung, ohne ontologische Präskription, ohne Gott, ohne *Natura*, ohne *Essentia*. Lange bevor der Antiessenzialismus zu einer Theorieroutine wurde, wurde der Essenzialimus von Heidegger befragt, auch wenn es Rest-Essenzialismus bei ihm gibt. Ist nicht der Antiessenzialismus der Essenzialismus von heute? Und es stimmt ja: Da fehlt die *Essentia*, die Substanz, der Boden. Dennoch oder eben deshalb sind wir von Sinn und Bedeutung umstellt.

FW: Ich bin mir da nicht so sicher. Wir haben ja schon über gewisse Erscheinungen gesprochen, die eigentlich darauf deuten, dass es einen neuen Essenzialismus gibt, der sich durchaus aus einer antiessenzialistischen Haltung entwickelt haben mag. Diese Haltung, so stellt sich jetzt heraus, war aber eine, die dem Essenzialismus gar nicht seinen Essenzialismus vorwarf, sondern vielmehr, nicht essenzialistisch genug zu sein. Man kritisierte eine gewisse Doppelmoral, etwa dass sich nicht an das gehalten wurde, was man predigte, man selbst nicht daran glaubte und so weiter, und übersah dabei die Tatsache, dass es vielleicht darum gar nicht geht, sondern es sogar viel schlauer ist, Dinge zu tun, an die man nicht unbedingt glaubt, während man sie ausführt, weil sie einen kulturellen Zweck erfüllen, etwa das, was Richard Sennett mit dem Begriff der Selbstpreisgabe bezeichnet. Es gibt da zwei wesentliche Ansätze, wie man mit dem vermeintlichen Verfall von Riten umgehen kann. Den ersten vertritt Agamben, wenn er die von Gershom Scholem überlieferte Anekdote an den Anfang seines Textes *Die Erzählung und das Feuer* stellt, in der berichtet wird, dass in früheren Zeiten, »wenn der Baal-schem etwas Schwieriges zu erledigen hatte«, er an eine bestimmte Stelle des Waldes ging, ein Feuer entzündete und Gebete sprach. Eine Generation später hatte man vergessen, wie das Feuer gemacht wurde, aber man konnte die Gebete noch sprechen. Wieder eine Generation später konnte man weder das Feuer machen noch die Gebete sprechen, kannte aber den Ort im Wald, bis man schließlich auch den vergaß und nur noch die Geschichte des Ritus zu erzählen hatte. Allerdings hat die Erzählung, so wird hinzugefügt, »dieselbe Wirkung wie die Taten der drei davor«. Agamben entwickelt aus diesem Ansatz seine Reflexion über die Bedeutung der Literatur und sagt: »Jede Erzählung, die gesamte Literatur ist Gedenken an den Verlust des Feuers.« Das würde Octave Mannoni anders sehen. Er hinterfragt eine ähnliche Erzählung, nämlich die Aussage von Ausführenden eines afrikanischen Maskenritus gegenüber Ethnologen, sie wüssten selbst nicht mehr, was das Ganze bedeute, weil man überhaupt nur in früheren Generationen daran geglaubt habe, und stellt die Frage, ob es nicht einfach zum Wesen eines Ritus dazugehört, zu behaupten, man selbst wisse nicht mehr, um was es gehe, während es den Vorfahren noch bekannt gewesen wäre. Es gehört also inhärent zu Ritus und Mythos, sich eine solche Erklärung zur Rechtfertigung zu geben. Die Literatur macht das ganz ähnlich, angefangen mit Wolfram von Eschenbach, der sich auf einen gewissen Kyôt beruft, dem er die Erzählung des Parzivals verdanke, der aber höchstwahrscheinlich gar nicht existiert. Das heißt nicht, dass er sich den Parzival allein ausgedacht hat, denn tatsächlich verdankt er Chrétien de Troyes sehr viel, nur braucht Wolfram quasi diesen Kyôt, um eine eigene Genealogie zu konstruieren, die er in das Werk miteinschreibt. Er konstruiert diese Genealogie, weil er spürt, dass kein Werk allein von einem Autor erdacht wird, sondern jeder Text seine eigene, vom Autor losgelöste Geschichte hat. Und jetzt kommen wir aufgeklärten Menschen daher und sagen: »Meine Güte, was ist denn das für ein Mumpitz, an den die Religionen da noch glauben?« Diese vermeintliche Kritik begreift aber gar nicht, was Ritus, Mythos, Religion, ja selbst Literatur sind, unter anderem auch darum, weil in der Kritik ein Essenzialismus vorausgesetzt wird, den das Kritisierte nicht zwangsläufig vertreten muss.

MS: Ich würde Lacans Begriff des Unbewussten mit dem ontologischen Begriff des Nichts kurzschließen. Das Nichts ist nicht nichts. Jedenfalls ist es nicht bedeutungslos oder ineffizient. Es gibt die Effizienz dessen, was per definitionem nicht existiert. So würde ich das mit der Frage der Mystik, die du angesprochen hast, verbinden. Simone Weil, eine Figur die man berechtigt mit Mystik konnotiert, die sich zu Tode gehungert hat, die also auch lieber das Nichts wollte, als nicht zu wollen, und die also gewissermaßen den letzten Satz der *Genealogie der Moral* in ihre existenzielle Lebensdramatik aufgenommen hat, ist hier zentral. Lacan sagt, in der Anorexie geht es nicht darum, nichts zu essen, sondern es geht darum, indem man nichts isst, das Nichts zu essen. Das meinte ich mit dem Materialismus der Leere oder dem Materialismus auch des Nichts.

FW: Das entspräche der Begierde, die leer ist, weshalb René Girard in seiner mimetischen Theorie des Begehrens der Meinung ist, dass man über dritte begehren lernt, um in einer Art der Nachahmung von Begierde diese ursprüngliche Leere zu füllen. Bleibe ich konsequent bei meiner ursprünglichen Begierde, dann habe ich tatsächlich mit der Leere zu tun. Es kommt mir wie eine Metapher vor, zu sagen, ich bleibe bei der Begierde selbst, und da die Begierde leer ist, kann ich folglich nur das Nichts begehren.

MS: Was ist der Gegenstand des Begehrens? Es ist das Begehren selbst. Begehren ist Begehren des

Begehrens, folglich seiner eigenen Unerfülltheit. Es ist der romantische Narzissmus, der sich aus dem Unerfülltsein nährt. Im klassischen (zweifellos problematischen, maskulinistischen) Romantismus geht es darum, die geliebte Frau in Besitz zu nehmen, sie zumindest zu erreichen. Man könnte kunsthistorische Beispiele geben: Ich bin kein Duchamp-Experte. Von einem Kunsthistoriker, der zu Duchamp gearbeitet hat, habe ich aber erfahren, dass die sogenannte vierte Dimension in Duchamps *Großem Glas* die Dimension des Unberührbaren ist, nämlich die Dimension der Braut.

FW: Und des Junggesellen.

MS: Die Junggesellen zupfen am Kleid der Braut.

FW: Die Junggesellenmaschine ist natürlich von Bedeutung, die Mechanisierung der Begierde, die zu einem Mechanismus des Todes wird.

MS: Es geht um die Berührung des Unberührbaren, wie ich das vorhin mit Nancy genannt habe. Wir kennen diese Struktur aus der Kulturgeschichte, der Ideengeschichte, der Politik: Der Fluchtpunkt unseres Begehrens, noch in der politischen Begehrensdynamik, ist die Inkonsistenz selbst. Man muss sich fragen, was an ihre Stelle tritt. Was ersetzt das Nichts? Wir betreten hier den Raum der christlichen Trinitätslehre. Es gibt mehr als tausend Jahre mittelalterliche Disputationen über Trinität. Wie kann man Trinität begreifen? Was ist der Status von Gott Vater, Gott Sohn und Heiliger Geist? Wie lässt sich diese Trias kompatibilisieren und denken? Du sagtest, Endlichkeit/Unendlichkeit: Die ganze Hegel'sche Dialektik oszilliert zwischen diesen beiden Registern als immer noch christliche Ontotheologie, wenn man so sagen kann.

FW: Kenosis.

MS: Die Kenosis ist im Hintergrund, als immanente Leere. Kant, Heidegger, Foucault und natürlich Nietzsche sind Analytiker der Endlichkeit, die wir nicht ignorieren können. Wir müssen zugleich die Intervention der Unendlichkeit ins Endlichkeitsspektrum analysieren.

FW: Pasolini hat sich bei seiner Verfilmung des Matthäus-Evangeliums sehr lange mit der Frage beschäftigt, ob er die Wunder, die Jesus gewirkt haben soll, darstellt oder nicht. Von seiner kommunistischen Haltung her wollte er die Wunder eher weglassen. Aber er hat sich dann entschieden, die Wunder dennoch zu zeigen. Hätte er die Wunder rausgenommen, hätte er eine bereinigte, eine aufgeklärte Form der Jesus-Legende geboten, aber damit natürlich die Geschichte als solche verfehlt. Er spürte aber wahrscheinlich unwillkürlich, auch wenn er es nicht benennen konnte, dass hier eine Form der oberflächlichen Aufgeklärtheit der Sache nicht gerecht würde. Es wäre eine Art humanistische, protestantische Lesart gewesen, der er sich als »katholische Scheiße«, wie er sich selbst bezeichnete, unwillkürlich verweigerte.

MS: Weil er wusste, woraus Nancy eine Grundthese seiner Arbeit gemacht hat, dass das Christentum einen monotheistischen Atheismus darstellt. Da ist der doppelte Suizid Gottes – Inkarnation, Kreuzestod. Man kann da nicht mit der Auferstehung argumentieren, weil sie Auferstehung des Heiligen Geistes ist. Das ist wie im Staffellauf – der Stab wird weitergereicht. Wer aufersteht mit dem auferstandenen Jesus Christus ist die Gemeinde der Gläubigen. Die Auferstehung macht den Kreuzestod Gottes nicht ungeschehen, sie bekräftigt ihn auf eine komplexe Art. Pasolini ist jemand, der eine hohe Affinität demgegenüber hatte, was Lacan das atheistische Erbe des Christentums nennt.

FW: Pasolini hat seine katholische, kleinbürgerliche Herkunft einerseits verflucht, andererseits damit gearbeitet und wie kein zweiter die verschiedenen gesellschaftlichen Bezüge, die sich daraus ergeben, ausgelotet. Sein Ödipus-Film stellt eine Reihe von Fragen, vor allem nach der eigenen Herkunft und nach den Möglichkeiten von Selbstverantwortung. Die Mythologie erscheint darin beinahe lebensnah und selbstverständlich, äußerlich eher lächerlich und weniger bedrohlich, dennoch gleichermaßen wirkmächtig, weil der Schrecken in die Individuen hineinverlagert wird, die dennoch ihrem Schicksal nach wie vor unbeirrbar entgegentaumeln. Ich würde da Badious Interpretation nicht ganz zustimmen wollen, dass der einzige Sinn des Lebens in Blindheit und Tod besteht, sobald man die Wahrheit erkennt. Dazu weist das Ganze, gerade in der Verfilmung Pasolinis, eine eigenartige Ambivalenz auf, so wie Goethe und Schiller es lakonisch beschrieben haben: »Oedipus reißt sich die Augen aus, Jokaste erhängt sich, beide schuldlos: das Stück hat sich harmonisch gelöst.« Eine Ambivalenz, die dann zentrales Thema des geplanten Films über Paulus wird, den Pasolini als schizophrenen Charakter zu inszenieren vorhatte. Pasolini wollte Paulus, wie er selbst sagte, in seiner Funktion als Kirchengründer vernichten, aber als Mystiker bestätigen. Man kann über den Film ja nur spekulieren, die Handlung sollte aus dem historischen Jerusalem in das Paris während der Nazi-Besetzung verlegt werden, und am

Ende befindet sich Paulus in demselben Hotelzimmer, in dem Martin Luther King an seinem Todestag war und wird wie er erschossen, als er auf den Balkon tritt. Allerdings ist Paulus davor schon sterbenskrank, das heißt, das natürliche Ende fällt mit dem gewaltsamen auf eine gewisse Art zusammen, das Leben wird nicht jäh abgeschnitten, sondern symbolisch transzendiert. Er sitzt am Schreibtisch und schreibt einen Brief zu Ende, den Brief an Timotheus, wo es heißt: »Denn ich werde schon als Trankopfer gesprengt, und die Zeit meines Abscheidens steht bevor«, was eine eigenartige Referenz ist, denn die Libation gehört nicht direkt zum christlichen Ritus und kommt im Neuen Testament nur an dieser Stelle und in dem Brief an die Philipper vor, das heißt, sich selbst als Trankopfer zu verstehen, gehört zur ureigenen mystischen Erfahrung von Paulus. Daran sieht man, wie genau Pasolini das kennt, was er von innen aufsprengen will. Die letzte Einstellung zeigt dann das Blut, das vom Balkon in den Hof tropft.

MS: Kennst du das *Paulus*-Buch von Badiou – es hat den Untertitel *Die Begründung des Universalismus*? Es ist von 1997. Es gibt heute einen unreflektierten (philosophisch wie theologisch schlecht informierten oder schlicht ahnungslosen) Anti-Universalismus im linken Theoriebereich. Nicht bei Laclau, nicht bei Žižek, nicht bei Badiou. Mit Badiou denkt Žižek einen Schritt weiter. Wir können uns nicht für den Partikularismus einerseits und den Universalismus andererseits entscheiden. Die Situation ist komplexer. Denken heißt, diese Komplexität anzunehmen, statt sie mit gutem linken Gewissen zu neutralisieren. Für mich heißt denken, linkskritisch zu denken, auch den Linksdogmatismus, die linken (oft eher reaktionären) Orthodoxien zu befragen, ohne nach rechts zu gehen. Ich bin Heiner-Müller-links. Das heißt, Unschuld ist keine Option. Für mich ist Linkssein alternativlos. Rechtssein ist dumm sein. Nur bin ich vor Dummheit nicht dadurch geschützt, indem ich meine Position als links markiere. Denken heißt Linkssein, weil denken weiterdenken heißt, statt sich an Vergangenheiten zu klammern, die nie existiert haben. Doch seine eigene Position als links zu *markieren*, heißt noch nicht links zu *sein*! Da finde ich Figuren wie Pasolini wichtig, weil sie den Mut aufbringen, den Katholizismus und Kommunismus oder Materialismus und Spiritualismus eng zu führen.

FW: Genau diese beiden Ebenen findet er in Paulus, aber eben auch schon in dem Jesus-Film, denn hätte er, wie gesagt, die Wunder rausgelassen, wäre der Film praktisch gescheitert. Es gibt eine Anekdote, nach der die römische Kurie den Jesus-Film gesehen hat und nicht nur angerührt war, sondern ihn als eine Art Gottesbeweis verstanden hat, nach dem Motto: Selbst ein Atheist kann nur die Wahrheit des Glaubens darstellen, sobald er sich mit ihm beschäftigt.

MS: Vielleicht nur ein Atheist.

FW: Wobei noch zu fragen wäre, ob Pasolini tatsächlich ein Atheist im herkömmlichen Sinne war. Aber es gibt noch eine andere Anekdote in Zusammenhang mit dem Jesus-Film: Enrique Irazoqui, der Schauspieler, der den Jesus spielt, war ein spanischer Anarchist, der nach Italien gekommen war, um sich dort Unterstützung im Kampf gegen das Franco Regime zu holen. Pasolini sieht ihn und sagt: »Das ist mein Jesus.« Irazoqui nimmt das Angebot für diese Rolle an, vielleicht auch wegen des Geldes, hat aber natürlich als Anarchist und Atheist seine Probleme mit der konkreten Ausführung. Also hilft ihm Pasolini und sagt zum Beispiel bei der Szene, in der die Händler aus dem Tempel verjagt werden, er solle dabei einfach an die Franco-Militärs denken. Nachdem der Film bereits erschienen ist, kehrt Irazoqui nach Spanien zurück, wird verhaftet und verurteilt, und zwar wegen Gotteslästerung, weil er in besagtem Pasolini-Film mitgespielt hat. Das heißt, die Franco-Faschisten haben den Jesus-Film tatsächlich verstanden und gespürt, dass es hier um *sie* geht und das, was ihnen heilig ist, angegriffen werden soll, während es die Kurie völlig betriebsblind als Bestätigung der eigenen Ideologie genommen und den Film eben nicht verstanden hat.

MS: Ich denke an Derrida. Was ist Dekonstruktion? Nicht nur ein Lektüreverfahren, exzessiv minutiöses Lesen von Texten bis in ihre implizite Widersprüchlichkeit hinein. Treue durch Verrat. Verrat durch Treue. Du liest so genau, bis der Text sich unter deinen Blicken auflöst. Derrida hat wiederholt gesagt: Ich bin nicht das Subjekt der Dekonstruktion, der Agent – ich lese nur. Der Text löst sich bei genauem Lesen wie von selbst auf, zeigt seine Inkonsistenzen, zerfällt geradezu. Plötzlich treten Unentscheidbarkeiten ans Licht, und das ist das genuin politische Moment der Dekonstruktion. Der Austritt aus der Lektüre durch die Lektüre. Man wirft ein anderes Licht auf den kanonischen Text. Dafür gibt es die Taschenlampe des Denkens, wie ich das einmal genannt habe. Man muss dem Sonnenlicht mit einem (schwachen) Zusatzlicht assistieren. Die Taschenlampe des Denkens muss dabei der Imperialität des Sonnenlichts opponieren, indem sie ein anderes Licht auf die von der Sonne in die Sichtbarkeit gehobenen Dinge wirft. Das könnte ein Bild fürs Denken sein. Denken heißt, genau hingucken, anders hingucken als bisher. Da sind Pasolini, Heiner Müller, Marguerite Duras, die aus der kommunistischen Partei ausgetreten ist, ohne nach rechts zu gehen, Beispiele dafür. In der Rechten gibt es keine Alternative für Leute, die denken. Und in der Linken gibt es unglaublich viel Nichtdenken, durch Linkskarrierismen und Linksopportunismen, die keiner übersehen kann, angeheizt. Der Versuch, sich möglichst opportun im Feld der etablierten Doxai zu positionieren, ist bereits eine reaktionäre Geste. Das heißt nicht, dass nicht alle von irgendwelchem Opportunismus, irgendwelchen Egoismen geleitet sind. Dennoch denke ich, dass Denken gegen sich selbst denken heißt. Das ist der Begriff der Dialektik, der mich interessiert. Das heißt auch, dass du nur Christ sein kannst, indem du dich wie Nietzsche als Antichristen verstehst oder dich als Antichristen in Stellung bringst gegen das Christentum. Man müsste über Kierkegaard sprechen, über Augustinus, über Selbstbekehrungs- und Konfessionsliteratur. Übrigens, um es so unmissverständlich wie möglich auszudrücken: Ich bin ein Atheist.

FW: Es gibt in den *Bekenntnissen* des Augustinus eine Stelle am Anfang des zehnten Buchs, in der Augustinus Gott anruft und sagt: »Und so will ich bekennen, was ich von mir weiß, und will mich zu dem bekennen, was ich nicht von mir weiß«. Damit sagt er nichts anderes, als dass er sich nicht nur in der symbolischen Ordnung Gott gegenüber bewegt, sondern eben auch im Realen, in dem, was ausgeschlossen ist. Es geht ihm darum, den Primat des Wissens zu brechen und auch das Nichtwissen, also den Bereich der Mystik, miteinzubeziehen. Das Geständnis oder Bekenntnis hat ja generell etwas Radikales, etwa, wenn Rousseau seine Perversionen preisgibt, was im Einzelfall über den reinen Exhibitionismus hinausgeht und demjenigen, der sich offenbart, eine neue Form der Existenz ermöglicht, oder zumindest des Denkens. Gestehen heißt ja immer auch, Verantwortung zu übernehmen, und wenn ich Verantwortung für etwas übernehme, das ich selbst nicht kenne, dann sprenge ich den narzisstischen Panzer auf und mache mich so bereit für eine andere Form der Erfahrung, jenseits des binären Denkens von Wissen und Nichtwissen, Gut und Böse, Selbst und Anderer und so weiter.

MS: In den *Bekenntnissen* beschreibt Augustinus den bösen Blick, die Urszene von Neid und Eifersucht. Ich gebe es aus schwacher Erinnerung wieder: Da sind zwei Brüder, vielleicht Zwillinge, ich weiß nicht mehr, jedenfalls Milchbrüder. Sie werden von der Amme genährt. Die Amme hat das eine Kind an der Brust. Dann gibt es da den bösen Blick des Milchbruders auf den *conlactaneum suum* – aus Futterneid, wie wir sagen. Ich weiß nicht, was der angemessene Begriff wäre. Hier gibt es auch einen gewissen Materialismus, einen Korporalismus, den man bei Augustinus finden kann. Bei Kirchenväterliteratur gibt es einen gesteigerten Sinn für den Körper, auch weil – das hat uns Foucault mit seinen Büchern zur Sexualität gelehrt – die Vorstellung von der christlichen Theologie/Religion als einer körperfeindlichen zu kurz greift. Der Körper steht im Herzen der christlichen Transsubstantiationslehre. Hier sind die Texte von Nancy wichtig, weil wir uns mit ihnen in einer Unbestimmheitszone bewegen. Wir können nicht sagen, alles ist Körper. Das wäre naiv. Wir können nicht in reflektionslosen Körperobskurantismus regredieren, auch nicht in eine gutgläubige Metaphysik des Pneuma, der Seele. Der Ort des Denkens ist der Ort dieser Schwierigkeiten, die sich der schlichten Auflösung, das heißt der Einfachheit einer vulgären Synthesis, entziehen. Es geht um unsere ebenso konkrete wie abstrakte Existenz als Körpersubjekte, die ihren Körper transzendieren, ohne ihn verlassen zu können. Im *Paulus*-Buch –

ich halte es für eines seiner schönsten Bücher – bringt Badiou die zwei Register zusammen: Universalität und Existenz. Es geht um die Kompossibilität von Abstraktion *und* Konkretion. Wir müssen die Kompossibilität des Imkompossiblen denken. Dabei treten wir aus einer Logik, die (im einfachsten Sinn) Widerspruchsfreiheit fordert, heraus. Gegen sie steht eine Logik des Aporetischen oder der Komplexität, der sich viele Denker genähert haben. Universalität heißt nicht: bestimmte Werte anderen Werten vorzuziehen (klammheimlich oder offen!). Abendländische Werte oder Werte einer bestimmten Kultur, die dann wieder andere Kulturen ignoriert beziehungsweise ablehnt oder bekämpft … Man hat den Begriff der Universalität noch nicht ausreichend gedacht. Universalität heißt Leere. Wir alle, egal, was wir denken, wie wir urteilen, welcher Religions- oder Ideenkultur wir angehören, sind im Kontakt mit dem Nichts. Das ist das verbindliche Band. Im Horizont der Universalität ist es egal, welche Hautfarbe ich habe, welcher Geschlechtsgruppe ich angehöre, ob ich Kind oder Erwachsener bin, Frau oder Mann. Wir alle sind singulär, differenzierbar vom jeweils anderen aufgrund unserer Universalität, nicht gegen sie! Uns verbindet über unsere Unterschiede hinaus die gleiche Distanz oder die gleiche Nähe zur Leere, zum Nichts.

FW: Ein Mensch ist ja noch nicht einmal mit sich selbst identisch. Und vielleicht geht es in einem Geständnis, um noch einmal darauf zurückzukommen, um die Akzeptanz des Körpers als des anderen. Es gibt eine jüdische Geschichte, in der ein Rabbi bei Bekannten zu Besuch ist und in der Nacht beinahe der Verführung erliegt, etwas zu Essen zu stehlen. Während er schon auf dem Weg zur Speisekammer ist, schreit er jedoch laut: »Ein Dieb! Ein Dieb!«, und als das ganze Haus zusammenläuft und fragt, wo der Dieb sei, da deutet er auf sich. Das Motiv des Diebstahls taucht ja auch bei Augustinus auf, der bekennt, Birnen gestohlen zu haben. Das ist natürlich einerseits das biblische Motiv, von der verbotenen Frucht zu essen, ebenfalls mit den bekannten Folgen, nämlich sich durch dieses Vergehen als eigenständiges Subjekt zu etablieren, andererseits aber auch das Bekenntnis zum »Bruder Esel« als dem des Denkens, Meinens und Glaubens entgegengesetzte Entität. Bei Rousseau ist es dann wieder ein Apfel, der aber bereits gepflückt in einem Korb bei seinem Lehrherren steht und den er nur mithilfe einer Stange erreicht, dann aber daran scheitert, ihn durch die Gitterstäbe zu bekommen. Auch diese Geschichte könnte man entsprechend und im Rousseau'schen Sinne interpretieren: Ein anderer hat den Apfel bereits gepflückt, während man selbst bereits von der Natur entfremdet ist und ein Werkzeug zur Nahrungsbeschaffung benötigt. Es ist also die frühe Erfahrung einer kulturellen Abhängigkeiten, die dann später zu seinem »Zurück zur Natur« führte.

MS: Als ich in meiner Studienzeit Anfang der Neunzigerjahre Husserl las, die *Krisis*-Schrift, die *Cartesianischen Meditationen* etc., begriff ich, dass die Verteidigung der transzendentalen Phänomenologie gegenüber dem Psychologismus, Historizismus, dem Relativismus im Allgemeinen, eine auch politische Geste war. Es ist egal, ob du jüdischer oder nichtjüdischer Herkunft bist, woher du kommst: Du bist ein Mensch. Das Subjekt des Universalismus ist leer. Ist es – als philosophische Kategorie – erschöpft oder erledigt? Ich denke, nein! Mit der Subjektkategorie öffnet sich ein Konflikt, den das Subjekt qua Subjekt austragen muss. Es muss in Auseinandersetzung mit dem treten, was seine immanente Leere markiert, seine ontologische Indefinität, die man seine Inkommensurabilität oder Inkonsistenz oder Kontingenz nennen kann. Die Frage ist: Was vom Subjekt hat seinen Tod überlebt? Müssen wir nicht Denken als eine Operation am offenen Herzen des Subjekts definieren? Das Subjekt operiert sich selbst, es nimmt sich in den Blick, es schlachtet sich geradezu. Dabei beginnt es zu verstehen, dass es als solches, als stabiles, substanziales Subjekt, nicht existiert. Es existiert ausschließlich als der Schauplatz seiner Inexistenz. Mit Kant gesprochen, aber auch mit Wittgenstein: Das Subjekt ist eine problematische Kategorie.

FW: Man könnte auch die *Genesis* entsprechend interpretieren. Da spielt die Inkommensurabilität eine große Rolle. Der Apfel symbolisiert insofern das göttliche Gesetz, weil er zwischen Endlichkeit und Unendlichkeit, zwischen Paradies und Menschlichkeit steht und den nicht auflösbaren Teil verkörpert. Menschwerdung findet dort statt, wo ich etwas nicht verdauen kann. Ich kann mich dazu entscheiden, in einem idealistischen Paradies zu bleiben, indem ich das Gebot befolge und mich einfach nicht mit dem Inkommensurablen auseinandersetze. Versuche ich aber, auch das Inkommensurable zu inkorporieren, dann bin ich aus dem Paradies vertrieben. Eine Menschwerdung oder Subjektwerdung muss diese Auseinandersetzung als eine Form des Erbes in sich tragen.

MS: Das Problematische bei diesem Narrativ wäre die Vorstellung: Wir sind aus dem Paradies ins Wissen gestürzt und müssen jetzt zurück zur Natur. Was hier Natur heißt, wird mit paradiesischem Gleichgewicht assoziiert, mit apriorischer Integrität. Es handelt sich um eine Illusion.

FW: Es gibt keine Rückkehr. Es gibt nur eine Erkenntnis über die Erkenntnis. Zudem hat das Paradies doch auch etwas Suspektes. Warum ist denn die Hölle bei Dante viel interessanter als das Paradies? Kann man das christliche Paradies überhaupt als Verheißung begreifen? Schließlich ist es eine Form von Stillstand. Es ist eine Denkbewegung, die an ihr Ende gekommen ist. Aber das Denken kommt an kein Ende. Hier liegt ein Widerspruch. Man kann also nur das Denken opfern und in das Paradies springen, einen Wechsel der Kategorien vornehmen, und vielleicht ist es eine Form von Gnade, diesen Wechsel überhaupt vollziehen zu können. Das Paradies befände sich dann am selben Ort wie die Hölle, nur dass die einen unendliche Qualen leiden, weil sie diesen paradiesischen Stillstand nicht ertragen, während die anderen beseelt davon sind. Und die Tatsache, dass die in der Hölle Leidenden der Seeligkeit der anderen ansichtig werden, wäre nicht eine besondere Strafe, wie man im Mittelalter dachte, sondern der Hinweis darauf, die selbst erwählte Hölle jederzeit durch eine Änderung der eigenen Einstellung verlassen zu können, da es außer ihr keinen Unterschied von Raum und Zeit gibt.

MS: Aber vielleicht deshalb: Begehren des Begehrens. Vielleicht gehört zum Begehren der unausgesprochene Wunsch, es möge sich nicht erfüllen.

FW: So wie auf der Linken oft ein geheimer Wunsch existiert, die von ihnen propagierten Dinge mögen sich nicht erfüllen.

MS: Wer sagt, dass sich das unerfüllte Begehren nicht eben dadurch erfüllt, dass es unerfüllt bleibt. Das wäre eine Komplizierung der Lage. Dass wir gar nicht eindeutig unterscheiden können zwischen Unerfülltheit und Erfülltheit, Unbefriedigtheit und Befriedigung, dass diese Kategorienregister ineinandergreifen und strittige Komplizen sind.

FW: Nietzsche spricht doch vom nützlichen Irrtum, der, ausgehend von einer irrigen Annahme, dennoch zu etwas Richtigem führt, auch wenn es nicht das Angestrebte war, was zum einen damit zusammenhängt, dass man sich oft über seine eigenen Absichten im Unklaren ist, zum anderen aber auch damit, dass eine Erkenntnis schon per se anders ausfallen muss als erwartet, um tatsächlich Erkenntnis sein zu können. Durch einen Perspektivwechsel kann meine Existenz plötzlich ihre Sinnlosigkeit verlieren. Nehmen wir zum Beispiel Sisyphos: Solange er meint, es gehe darum, den Stein auf den Berg zu bringen, bleibt sein Leben sinnlos. Sobald er erkennt, dass es darum nicht geht, kann man ihn sich als glücklich vorstellen.

5. Hommelette und Odradek

MS: Du kennst den Satz aus Kafkas *Zürauer Aphorismen*: »Der Geist wird erst frei, wenn er aufhört, Halt zu sein.« Bei Kafka gibt es die Erfahrung einer primordialen Entsicherung des Subjekts ins Unbestimmte. Wer sich dieser Erfahrung verschließt, schließt sich in Imaginaria ein und verstrickt sich nur noch gründlicher mit seiner aporetischen Realität. Die Nachricht von der Haltlosigkeit menschlicher Existenz muss nicht zu Melodramatik führen. Es gibt die Möglichkeit, in diesem Raum objektiver Verstrickung, der die Realität ist, frei zu sein, doch handelt es sich nicht um absolute Freiheit, nicht um die Freistellung des Menschen von objektiver Unfreiheit. Eher geht es darum, sich anders als bisher auf die Realitätstextur einzulassen, sich mit ihr auf eine unabsehbare Art neu zu vernähen. Es ist diese Neuvernähung mit dem Weltgewebe, die Kafka Ausweg nennt. Mehr ist nicht drin. Doch das ist nicht nichts: Schließlich impliziert diese Vernähung die Redefinition der eigenen Existenz.

FW: Der Ausweg besteht bei Kafka nicht darin, dass man durch eine Tür geht und die Realität hinter sich lässt, sondern dass man durch die Tür – also im Sinne von »mithilfe der Tür« – auf die eigene Lebensrealität hingewiesen wird, um sich in ihr neu verhalten zu können. Mir wird eine Chance geboten, aber ich muss die Chance erkennen, und dazu wiederum muss ich bereit sein, mich von meinem vermeintlichen Ziel zu lösen, muss ich bereit sein, immer wieder zurückzugehen, mich also von einer Form des Fortschreitens zu verabschieden. Wenn ich das nicht verstehe, sondern denke, es geht um das Erreichen eines Ziels, dann lese ich aus Kafkas Texten Parabeln für die Absurdität menschlicher Existenz heraus, weil dieses Ziel in der Regel verfehlt wird. Diese Absurdität entsteht aber nur dann, wenn ich irrtümlicherweise glaube, außerhalb des Textes zu stehen. Das ist die große Herausforderung bei Kafka, dass er mich immer zu dem zwingt, was du Redefinition der eigenen Existenz genannt hast. Redefinition heißt aber nicht, dass sich am Ende des Textes eine Erkenntnis über meine Existenz einstellt – das wäre ja wieder die Tür, die ich anvisiere –, sondern dass ich mich während meiner Lektüre immer wieder neu definiere. Es ist ein beständiges Infragestellen, eine beständige Redefinition. Es ist das Prozessuale, um das es geht. Und genau das versteht Joseph K.

nicht. Er hält sich für unschuldig und meint, deshalb ginge ihn der Prozess nichts an. Er meint, er könne sich außerhalb der eigenen Realität positionieren. Und dadurch wird er schuldig. Schuld ist bei Kafka keine christliche Urschuld, kein Vergehen gegen ein statisches Gesetz, sondern die Weigerung, Realität als Prozess zu begreifen.

MS: Vielleicht kann man von einer Karusselltür bei Kafka sprechen. Sie dreht das Subjekt in die Immanenz zurück. Die Transzendenz bleibt ihm verschlossen. Doch die Drehbewegung macht etwas mit dem Subjekt. Es kommt verändert in seine Realität zurück. Kafka rührt an immanente Transzendenz, ein Thema, das unter anderem bei Jean-Luc Nancy zu finden ist. Die Transzendenz ist kein gegebenes Jenseits, sondern ein entzogenes Diesseits. Meine Hier-und-jetzt-Realität ist fragil und kontingent. Hier bewege ich mich wie auf einem Seil, von dem Kafka sagt, dass es »knapp über dem Boden« gespannt sei. Man müsste das Zirkus- und Akrobatenmotiv in seinen Texten daraufhin untersuchen, inwiefern es hier um Existenz und Abgrund oder Existenz *als* Abgrund geht. Im Zirkus gibt es viel Erstaunliches, doch es wird auch viel gelacht.

FW: Und es geht erneut um die direkte Beteiligung. Der Zirkus ist von einer Leinwand umspannt, damit man von außen nicht sehen kann, was drinnen geschieht. Kafka schildert, wie jemand ein kleines Loch in der Leinwand findet und nun doch von außen zusehen kann. Er sieht allerdings nur die Rücken der Stehplatzbesucher, während er die Musik und das Brüllen der Tiere hört, bis er »ohnmächtig vor Schrecken in die Arme des Polizisten zurückfällt, der von Berufs wegen den Cirkus umgeht und nur leise mit der Hand Dir auf die Schulter geklopft hat, um Dich auf das Ungehörige eines solchen gespannten Zusehns, für das Du nichts gezahlt hast aufmerksam zu machen«. Das hat ja eine ungeheure Sanftheit, gerade wenn man es zum Beispiel mit der *Strafkolonie* vergleicht. Und doch heißt es zu Beginn des Textes: »Ich kann meiner Natur nach nur ein Mandat übernehmen, das niemand mir gegeben hat. In diesem Widerspruch, immer nur in einem Widerspruch kann ich leben. Aber wohl jeder, denn lebend stirbt man, sterbend lebt man«. Da ist wieder dieses knapp über dem Boden gespannte Seil, dessen Fallhöhe man leicht unterschätzt.

MS: Ein Schwebezustand, der uns auf zitterndem Grund wanken lässt. Wie in »Auf der Galerie« die »hinfällige, lungensüchtige Kunstreiterin in der Manege auf schwankendem Pferd«. Man muss an den Tigerrücken denken, auf dem

Nietzsche uns situiert. Oder an Wittgensteins Pferd, dessen Gutmütigkeit er es verdankt, dass es ihn nicht abwirft. Wir klammern uns an diese Minimalkonsistenz, die der dünne Film ist, der uns vom Abgrund trennt. Immer handelt es sich um Inkonsistenzakrobatik, die aus uns Artisten unseres Lebens macht. Wenn man Hegel ein wenig genauer läse, als es gewöhnlich geschieht, würde man feststellen, dass auch er ein Seiltänzer ist, deutlich vor Nietzsche. Da wirbeln Begriffe durch die Luft, während er sich wie ein Tänzer bewegt. Was Kafka, Wittgenstein, Nietzsche und Hegel verbindet, ist die Affirmation eines gewissen Chaos oder Werdens, das das Reale unserer Realität markiert. Später haben Lacan und Deleuze diesem Inkonsistenzmoment entsprochen, indem sie auf der Notwendigkeit eines minimalen Schutzes vor ihm insistierten. Kafka kommt regelmäßig auf die Wahrheitskategorie zu sprechen. Im Brief an Milena vom 23. Juni 1920 heißt es: »Es ist schwer, die Wahrheit zu sagen, denn es gibt zwar nur eine, aber sie ist lebendig und hat daher ein lebendig wechselndes Gesicht [...].« Darin drückt sich eine ganze Poetologie aus, wie in einem seiner weiteren Aphorismen: »Unsere Kunst ist ein von der Wahrheit Geblendet-Sein: Das Licht auf dem zurückweichenden Fratzengesicht ist wahr, sonst nichts.«

FW: Dieses Fratzengesicht taucht auch bei Lacan auf, wenn er über das Reale spricht: »La réalité n'est que la grimace du réel.« Und beinahe zwangsläufig nähert sich Lacan in der Beschreibung des Realen Kafka an, eben weil sich das Reale nur negativ fassen lässt: außerhalb der symbolischen Ordnung, unsagbar, unvorstellbar und so weiter. Lacan war ja mehr Joyce- als Kafka-Leser, aber er hat Joyce mit einem Kafka-Blick gelesen und die Wortspiele zu Parabeln erweitert. Beispiel Hommelette. Bei Joyce heißt es in *Finnegans Wake*: »Mon foie, you wish to ave some homelette, yes, lady! Good, mein leber! Your hegg he must break himself. See, I crack, so, he sit in the poele, umbedimbt.« Und Lacan macht daraus: »à casser l'oeuf se fait l'Homme, mais aussi l'Hommelette«, und entwickelt die Fantasie von einem unsterblichen, amöbenhaften Wesen, das unter der Tür hindurchkriecht und sich auf das Gesicht des Schlafenden legt, um es zu versiegeln. Ridley Scott hat das dann zehn Jahre später in *Alien* entsprechend umgesetzt.

MS: Lacans Beschreibung der *Hommelette* oder der *Lamelle* lässt an Kafkas Odradek aus »Die Sorge des Hausvaters« denken. Schon was die Gestalt betrifft. Im Seminar *Die Vier Grundbegriffe der Psychoanalyse* sagt Lacan von der Lamelle, die die Libido ist, sie sei »etwas Extraflaches, das sich fortbewegt, fortschiebt wie eine Amöbe. Nur ein wenig komplizierter. Sie kommt überall durch.« Kafka wiederum charakterisiert Odradek als eine »flache sternartige Zwirnspule, und tatsächlich scheint es auch mit Zwirn bezogen; allerdings dürften es nur abgerissene, alte, aneinandergeknotete, aber auch ineinanderverfilzte Zwirnstücke von verschiedenster Art und Farbe sein. Es ist aber nicht nur eine Spule, sondern aus der Mitte des Sternes kommt ein kleines Querstäbchen hervor und an dieses Stäbchen fügt sich dann im rechten Winkel noch eines. Mit Hilfe dieses letzteren Stäbchens auf der einen Seite, und einer der Ausstrahlungen des Sternes auf der anderen Seite, kann das Ganze wie auf zwei Beinen aufrecht stehen. Man wäre versucht zu glauben, dieses Gebilde hätte früher irgendeine zweckmäßige Form gehabt und jetzt sei es nur zerbrochen. Dies scheint aber nicht der Fall zu sein; wenigstens findet sich kein Anzeichen dafür; nirgends sind Ansätze oder Bruchstellen zu sehen, die auf etwas Derartiges hinweisen würden; das Ganze erscheint zwar sinnlos, aber in seiner Art abgeschlossen. Näheres läßt sich übrigens nicht darüber sagen, da Odradek außerordentlich beweglich und nicht zu fangen ist.« Wie Odradek – zumindest ist das die Befürchtung des Hausvaters – ist die Lamelle oder Hommelette unsterblich. Man bekommt beide nicht in den Griff der

Endlichkeit. Sie sind Figuren der Ungreifbarkeit und überfordern das Subjekt. Allerdings scheint diese Überforderung zur Ökonomie des Subjekts zu gehören, ihm folglich konstitutiv zu sein.

FW: Durch diese präzise Beschreibung des Odradek haben sich bei mir gerade eine Reihe von Assoziationen eingestellt, die ich gerne ganz ungeordnet an dich weitergeben würde, um zu sehen, ob sich daraus nicht vielleicht eine Frage formulieren lässt. Ich musste nämlich unwillkürlich an die komplizierten jüdischen und teilweise auch katholischen Riten denken, die einem Außenstehenden auch als »sinnlos, aber in ihrer Art abgeschlossen« erscheinen können. Und ausgehend von den Riten hat sich mir die Frage gestellt, ob Lamelle, Hommelette, Odradek, überhaupt das Unheimliche, an die Stelle des toten Gottes getreten sind und dessen frei gewordene Stelle eingenommen haben. Denn dann müssten wir fragen, inwieweit sie immer noch Teil dieses Gottes sind. Nietzsche war die Problematik des falschen Nihilsmus ja sehr bewusst, dass man etwas abschafft, aber den Ort belässt, an den man dann etwas anderes setzt, oder das Beispiel aus der *Fröhlichen Wissenschaft*, wo man in einer Höhle noch jahrhundertelang nach dem Tod Buddhas dessen Schatten zeigt, und dann sagt Nietzsche ganz direkt:

»Gott ist tot [...] Und wir – wir müssen auch noch seinen Schatten besiegen!« Also eine erste Frage: Sind Lamelle, Hommelette, Odradek der Schatten Gottes? Oder anders gefragt: Sind wir vielleicht deshalb so vom Unheimlichen fasziniert, weil wir mit ihm unseren Gottesglauben erhalten können? Jetzt sind diese genauen Beschreibungen von Odradek und Hommelette aber keine Anweisungen mehr für einen Ritus, den man vollziehen, oder einen Gottesbegriff, der einen zum Glauben bringen könnte. Wir sind ja über das Reale auf sie gekommen, und tatsächlich weisen sie natürlich auch auf das symbolisch Nicht-Fassbare des Realen hin. Aber das Reale taucht hier für mich noch in einer zweiten Form auf, nämlich als das, was Roland Barthes den »Effet de réel« genannt hat, das heißt, das wäre dann meine zweite Frage, dienen die genauen Beschreibungen lediglich dazu, diesen Realitätseffekt zu erzeugen, uns glauben zu machen, dass dieser Odradek existieren muss, weil sich niemand eine so komplizierte Stäbchen- und Filzkonstruktion ausdenken könnte? Und das wiederum führt mich wieder zu Kafka zurück, und zwar zu seinem Text »Zur Frage der Gesetze«, der mit dem Satz beginnt: »Unsere Gesetze sind leider nicht allgemein bekannt, sie sind Geheimnis der kleinen Adelsgruppe, welche uns beherrscht.« Und dann entwickelt er eine Theorie über das Alter dieser Gesetze und deren Auslegungen und sagt schließlich: »Das für die Gegenwart Trübe dieses Ausblicks erhellt nur der Glaube, daß einmal eine Zeit kommen wird, wo die Tradition und ihre Forschung gewissermaßen aufatmend den Schlußpunkt macht, alles klar geworden ist, das Gesetz nun dem Volk gehört und der Adel verschwindet.« So weit, so gut, aber dann kommt das mich wirklich Beeindruckende, wie ja so oft bei Kafka, denn dann fügt er sofort hinzu: »Das wird nicht etwa mit Haß gegen den Adel gesagt, durchaus nicht und von niemandem, eher hassen wir uns selbst, weil wir noch nicht des Gesetzes gewürdigt werden können. Und darum eigentlich ist jene in gewissem Sinn doch sehr verlockende Partei, welche an kein eigentliches Gesetz glaubt, so klein geblieben, weil auch sie den Adel und das Recht seines Bestandes vollkommen anerkennt.« Und der Text endet mit einem angeblichen Zitat, das lautet: »Das einzige sichtbare zweifellose Gesetz, das uns auferlegt ist, ist der Adel und um dieses einzige Gesetz sollten wir uns selbst bringen wollen?« Ist das nicht eine sehr subtile Auseinandersetzung mit dem Nihilismus und dem von Nietzsche aufgeworfenen Problem von Gottes Schatten und seinen Wächtern, die ihn Jahrhunderte nach seinem Tod immer noch vorführen?

MS: Das ist ja die Unsterblichkeit Gottes: Er lebt über seinen Tod hinaus. Nur tut er es nicht als Gott im vormaligen Sinn. Die Gottfunktion bleibt, wie du mit Nietzsche sagst, unangetastet, intakt. Es geht also darum, diese Funktion zu befragen, wie immer in der Philosophie, in der es nicht ausreicht, nach der Bedeutung von Wörtern oder Signifikanten zu fragen, sondern auch darum, sich die Frage zu stellen, welche Funktion sie im Kontext ihrer Verwendung erfüllen. Gott ist der Name eines Konsistenzversprechens, auf das auch diejenigen, die nicht an ihn glauben, nicht verzichten können. Kafka ist der Dichter apriorischer Inkonsistenz. Nichts ist gewiss. Auch die Gewissheiten sind es nicht. Das einzig Gewisse ist die Ungewissheit. Was wir Subjekt nennen, ist eine Fantasie. Es ist wesenhaft leer und grundlos und schwebt über dem Abgrund ontologischer Inkonsistenz wie auf einem fliegenden Teppich. Jeden Moment droht die Textur, die es trägt, auseinanderzufallen. Immerhin gibt es das minimalkonsistente Gewebe, das – keiner weiß, wie lange noch – zusammenhält. Kafkas Figuren sind vom Chaos angeweht. Sie sind gespurt von der Inkonsistenz ihrer Realität. Das macht sie zu Unheimlichkeitsfiguren. Kafkas Identifikation mit Odradek ist evident. Odradek markiert den Kern eines Subjekts ohne Subjektivität, das heißt ohne Telos, ohne Programmierung, ohne Sinn, ohne Gott.

FW: Ich würde gerne deinen Satz, »Gott ist der Name eines Konsistenzversprechens, auf das auch diejenigen, die nicht an ihn glauben, nicht zu verzichten bereit sind«, aufgreifen, um den Begriff des Glaubens noch einmal in Bezug auf Kafka zu befragen. Also, kann es einen Glauben ohne Gott geben? Und wenn ja, welchen Inhalt hat dann dieser Glaube? Der Glaube an Gott war ja fast automatisch an den Wahrheitsbegriff gekoppelt – und auch an die Frage nach Herkunft und Zukunft, also Sündenfall und Erlösung. Beinhaltet der gottlose Glaube diese Themen weiterhin, oder verliert er sie zusammen mit Gott? Und was sind dann seine Themen? Kafka definiert im ersten *Oktavheft* den Glauben folgendermaßen: »Glauben heißt: das Unzerstörbare in sich befreien, oder richtiger: sich befreien, oder richtiger: unzerstörbar sein, oder richtiger: sein.« Das wäre eine Antwort auf die Frage, was Glaube ohne Gott sein kann. Aber genau vor diesem Eintrag steht einer von den zwei Sätzen, in denen die Wiederkunft des Messias konkret angesprochen wird und die du natürlich gut kennst, nämlich: »Der Messias wird kommen, sobald der zügelloseste Individualismus des Glaubens möglich ist –, niemand diese Möglichkeit vernichtet, niemand die Vernichtung duldet, also die Gräber sich öffnen. Das ist vielleicht auch die christliche Lehre, sowohl in der tatsächlichen

Aufzeigung des Beispieles, dem nachgefolgt werden soll, eines individualistischen Beispieles, als auch in der symbolischen Aufzeigung der Auferstehung des Mittlers im einzelnen Menschen.« Der zweite Satz steht im dritten *Oktavheft* und lautet: »Der Messias wird erst kommen, wenn er nicht mehr nötig sein wird, er wird erst einen Tag nach seiner Ankunft kommen, er wird nicht am letzten Tag kommen, sondern am allerletzten.« Auch diese beiden Sätze weisen in die Richtung der individuellen und vor allem selbsttätigen Befreiung hin zum Sein, erhalten aber dennoch den Messias und das Erlösungsmotiv, so als würde Kafka sie gegen die von dir benannte ontologische Inkonsistenz der Realität setzen. Denn wie verhält es sich mit der Wahrheit, die bislang an Gott gekoppelt war, wenn Gott nicht mehr da ist? Lässt sich die ontologische Inkonsistenz mit einem Wahrheitsbegriff vereinbaren? Ich halte das für eine sehr spannende Frage, die natürlich weiter zurückreicht, etwa zu dem Text »Glauben und Wissen« von Hegel. Schon in einem Brief vom 16. April 1795 an Schelling spricht Hegel davon, dass auch bei der Vollendung des kantischen Systems, von der er sich eine Revolution in Deutschland erwartet, eine »esoterische Philosophie bleiben« wird, nämlich: »die Idee Gottes als des absoluten Ichs«. Und ebenfalls sehr früh schreibt er: »Die Objektivität der Gottheit ist mit der Verdorbenheit und Sklaverei der Menschen in gleichem Schritt gegangen.« Damit fragt er ja im Grunde, in welcher Beziehung steht unsere menschliche Existenz zu unserem Gottesglauben, was rechtfertigen wir mit ihm, in welcher Beziehung bestimmt er unser Handeln? Ich habe diesen ganzen Umweg gemacht, um jetzt noch auf Kierkegaard zu kommen, der ja am christlichen Glauben festhält, sich aber immer wieder mit der Frage auseinandergesetzt hat, ob man überhaupt »im Falschen« über den Glauben Wahres aussagen kann. Und Kafka hat als Leser Kierkegaards diesen wunderbaren Satz über ihn gesagt: »Kierkegaards Methode: zu schreien, um nicht gehört zu werden, und falsch zu schreien, für den Fall, daß man doch gehört werden sollte.« Das kann man als Kritik lesen, aber ich würde es als eine Selbstbeschreibung lesen wollen, dass Kafka, genau wie Kierkegaard, die Problematik bewusst war, innerhalb ontologischer Inkonsistenz zu einem Wahrheitsbegriff zu gelangen, weshalb es nötig ist, zu paradoxen Mitteln zu greifen, die Wahrheit sogar nach außen hin verleugnen, aber nicht, um in die Irre zu führen, sondern um sie als Wahrheit zu erhalten.

MS: Das Paradox des Glaubens liegt in der Notwendigkeit, an etwas zu glauben, was nur als Index seiner Inexistenz existiert. Im Herzen des

Christentums persistiert ein toter Gott. Das ist nicht Nietzsches Erfindung, auch nicht diejenige Luthers oder Hegels. Lacan spricht von der atheistischen Legende des Christentums: »Just weil Gott tot und seit jeher tot ist, konnte eine Botschaft quer durch alle Glaubenserscheinungen hindurch überliefert werden, in denen er immer noch als lebendig erschien [...].« Man kann sagen, dass das Christentum, sich von jeher um diesen toten Gott dreht. Jean-Luc Nancy hat hierzu überzeugende Analysen geliefert. Er spricht von der Dekonstruktion des christlichen Monotheismus, die, wie alle Dekonstruktion, eine Selbstdekonstruktion darstellt. Sie ist nicht aposteriorisch, sondern vollzieht sich als das Christentum selbst. Als Bedingung der Möglichkeit des Glaubens erweist sich die Inexistenz seines Gehalts. Heiner Müller konstatiert: »Die Abwesenheit Gottes ist seine Macht.« Wir verfügen über keinen kohärenten Wahrheitsbegriff. Heidegger weicht vom thomistischen Wahrheitsbegriff (*veritas est adaequatio intellectus et rei*) ab. Indem er auf die altgriechische *aletheia* rekurriert und sie mit der *lethe* (der Verborgenheit, dem Vergessen) konnotiert, bringt er das Denken und Sein des Menschen mit etwas Dunklem in Berührung, das sich nur ex negativo manifestiert. Eine Art permanenter Latenz, wie Freuds Unbewusstes. Was Kafka über den schreienden Kierkegaard sagt, mit dem er sich verwandt fühlt, trifft es gut: Gott ist der Name des Realen, das unsagbar bleibt. Nur in der Verfehlung wird es erreicht. Sich an Gott zu wenden, heißt nicht, ihn zu denken. Der Signifikant »Gott« markiert das Loch in der Wissenstextur, und dieses Loch hat eine Funktion. Wir können es mit Lacan das Reale nennen oder die Wahrheit, die sich nie ganz sagen lässt. Nur umzirkeln, aber nicht in unser Wissenssystem integrieren. Das hat auch Duras gewusst, der Lacan eine Hommage gewidmet hat. Was sie Schreiben nennt, hat mit diesem Schrei zu tun, der sich ans Absolute in Gestalt seiner Inexistenz wendet. Es ist ein Umzirkeln der Absenz Gottes. Für sie war der Alkohol Gottersatz. Zumindest ein Mittel, mit der Leere, die der Tod Gottes hinterlassen hat, umzugehen. Hölderlins »Gottes Fehl« bestimmt noch das Denken Wittgensteins, der ein fantastischer Theologe ist. Nicht im schulmäßigen Sinn, aber unbestechlich in der Beschreibung der paradoxen Situation, in die der Mensch sich versetzt sieht: Das Absolute nicht erreichen zu können, weil er die Grenze zu ihm längst überschritten hat. Anders gewendet: *Es* hat ihn längst erreicht!

FW: Wittgenstein würde sagen, der Gläubige ist nicht dort im Irrtum, wo er zu Gott betet oder einen Ritus praktiziert, sondern erst dort, wo er eine Theorie darüber erstellt. »Ein Irrtum entsteht erst, wenn die Magie wissenschaftlich ausgelegt wird«, schreibt er an einer Stelle, oder: »Einem religiösen Symbol liegt keine *Meinung* zu Grunde. Und nur der Meinung entspricht der Irrtum«, an einer anderen. Da drängt sich mir unwillkürlich die Frage auf: Sind genau diese Beschreibungen von Gott als dem Unsagbaren, dem Abwesenden, dem Realen nicht gerade deshalb im Irrtum, weil es sich dabei um Theorien handelt, um den Versuch, Religion wissenschaftlich auszulegen? Und ich frage das, gerade weil ich die von dir genannten Denkansätze nicht nur für die wichtigeren, sondern für die einzig noch denkbaren halte. Pascal hat eine Unterscheidung getroffen zwischen dem Gott der Philosophen und dem Gott Abrahams, Isaaks und Jakobs, also dem biblischen Gott. Und in seinem *Mémorial* bekennt er sich zu dem biblischen Gott und schwört dem Gott der Philosophen ab. Diese Entscheidung war für Pascal aber keine, die er sich hat herbeidenken können – so wie er es in den *Pensées* versucht hat, wo er immer auch den ungläubigen Teil in sich zu Wort kommen lässt, der Gott als abwesend empfindet –, sondern eine existenziell erlebte, durch den Sturz mit der Kutsche. Dieser Sturz brachte Pascal zur Erfahrung Gottes und zu einer Entscheidung für den biblischen Gott. Und diese Erfahrung kann man natürlich auch als eine Erfahrung der Gnade verstehen: Indem ich stürze, offenbart sich mir Gott. Gnade ist ja das, was Lacan in Bezug auf die Religion besonders interessiert hat. Aber er hat auch festgestellt, dass Pascal neben dem *Mémorial* noch etwas anderes in seinen Mantel eingenäht hatte, nämlich die berühmte Wette. Und Lacan interpretiert diese Wette um, die ja keine richtige Wette ist, weil man nach Pascals Meinung nichts zu verlieren hat, in eine richtige Wette, bei der man das Nichts zu verlieren hat. Womit wir wieder beim Realen angekommen wären.

MS: Was riskiert man zu verlieren, indem man das Nichts zu verlieren droht? Ich denke, es geht in diesem Verlust um den Verlust des Selbst, sofern es Platzhalter des Nichts ist. Vergessen wir nicht, dass Lacan sich neben Freud an Heidegger und Sartre orientiert. Beide skizzieren ein Denken des Nichts. So unterschiedlich ihr Denken ausfällt, gemeinsam ist ihnen, dass die Kategorie des Nichts eine ebenso beängstigende wie ermutigende Instanz darstellt. Der Abgrund des Nichts wird als Loch der Freiheit oder Eigentlichkeit erfahren. Die Berechtigtheit der Kritik von Freiheit und Eigentlichkeit als idealistischen Konzepten darf die strukturale Faktizität des Nichts oder Abgrunds im Herzen unserer selbst wie der Realitätszusammenhänge, denen wir angehören, nicht übersehen. Dass die Sterblichen, wie Hölderlin schreibt, an den Abgrund reichen, darauf bezieht sich auf seine Art auch Lacan, zum Beispiel im Ethikseminar von 1959/60. Antigone wird von Sophokles, nicht nur in der Lacan'schen Deutung, auf eine rasante Fahrt ins Nichts geschickt. Lacan behauptet, dass das autonome oder eigensinnige Mädchen, das sie ist – das Kind, die Göre (*pais*/ *gosse*), wie der Chor im Stück sie nennt – sich selbst auf diese Reise schickt, während sie, um nicht von ihrem Begehren abzulassen, die Gesetze der Nacht wie des Tages, der Götter wie der Menschen ignoriert. Es gibt hier eine Art Todestrieb, der im Subjekt, das Antigone heißt, wirkt. Élisabeth Roudinesco und Catherine Millot, die die letzte Lebensgefährtin Lacans war, berichten von dessen selbstmörderischer Fahrpraxis. Roudinesco beschreibt die Szene mit Heidegger und seiner Frau Elfriede im Auto des verrückt beschleunigenden Lacans, auf einer Fahrt nach Chartres, glaube ich. Elfriedes Wunsch, er möge langsamer fahren, bleibt unerhört. Auf vergleichbare Art überhört Antigone in den ersten Zeilen der sophokleischen Tragödie die warnende Stimme ihrer Schwester Ismene. Um dieses gezielte Überhören der Stimme des Freundes, der Freundin oder der Schwester geht es im Denken wie in der Kunst. Agamben hat die dusseligen Assistenzfiguren bei Kafka, im *Schloß* und anderswo, hervorgehoben. Man könnte auch an Rosenkranz und Güldenstern in Shakespeares *Hamlet* denken. Solche Figuren haben im Leben von uns allen die Funktion, uns vom Nichts abzulenken, uns zurückzulenken in die Spur der Normalität. Was also verliert man, indem man das Nichts verliert und ins Vernünftige einlenkt? Sich selbst als ein Subjekt, dessen Subjektivität ein Synonym für das Nichts ist oder den toten Gott?

FW: War der zusammen mit Heidegger in seinem Sportwagen dahinrasende Lacan vielleicht auf der Suche nach dem existenziellen Schlüsselerlebnis? Wollte auch er mit seiner »Kutsche« in den Abgrund, wie Pascal, um Gott zu erfahren? Ich finde es bezeichnend, dass du wieder auf Kafka kommst, der mir nämlich auch in den Sinn kam. Die zwei Gehilfen, die du erwähnst, und die vor allem im *Schloß*, im *Prozeß* und in *Amerika* eine große Rolle spielen, aber auch sonst immer wieder in vielerlei Gestalt auftauchen, erfüllen eine Reihe von Funktionen, meist erscheinen sie wie unreflektierte Anteile des Protagonisten, die ihm gewisse Erfahrungen ersparen, die ihn ablenken, aber auch oft *von ihm* ablenken, wenn sie etwa wegen ihm geprügelt werden. Sie sind Boten des Unheimlichen, nisten sich bei ihm ein, liegen plötzlich statt der Geliebten neben ihm im

Bett, können sich zu einer Einheit zusammenfügen und sofort wieder trennen, sind unabhängig voneinander und agieren doch meist nach einem gemeinsamen, inneren Plan. Damit haben sie Eigenschaften der von uns ja schon benannten Lamelle, des Hommelette, des Odradek. Das wird am deutlichsten in der Erzählung »Blumfeld, ein älterer Junggeselle«, wo diese Zwillingspaare die Form von zwei kleinen, weiß-blau gestreiften Zelluloidbällen annehmen, die sich eines Abends bei dessen Nachhausekommen in Blumfelds Zimmer befinden. Er kann der Beschäftigung mit ihnen einfach nicht ausweichen. Sein Denken wird immer mehr von ihrer Existenz bestimmt. Alle möglichen Versuche, sie in Schach zu halten, sie zu umgehen, sie abzugeben, kurzum loszuwerden, benötigen einen ungeheuren gedanklichen Aufwand. Hier erscheinen diese Figuren, gerade weil sie nicht mehr menschlich sind, sich aber deshalb umso schamloser »menschlich« benehmen können, wie Fragen der Philosophie oder der Religion. Sie sind wie der Stachel im Fleisch, der einen zum Denken zwingt.

MS: Wobei jede existenzielle Dramatik in den Horizont der ontologischen Indifferenz gehört. Bei László F. Földényi stoße ich auf die Formel von der »kosmischen Gleichgültigkeit«. In Camus' *Der Fremde* ist es die »tendre indifférence du monde«, bei Duras ebenso. Vielleicht muss man Idealismus nennen, was sich der ontologischen Indifferenz sperrt, sie leugnet. Der Auftritt des Menschen im Kosmos wird nahezu nichts gewesen sein. Nichts, oder fast nichts. In dieser Feststellung liegt kein Zynismus, keine verstohlen genossene Apokalyptik. Ihre Nüchternheit entspricht der Gleichgültigkeit ihres Gehalts. Heiner Müller und Alexander Kluge sprechen vom traumlos kalten Kosmos. Die Griechen haben Chaos in ihm gesehen: Hesiod, Heraklit. Der Kosmos ist akosmischer Kosmos. Schmuck und Ordnung, die aufs schmucklos Ungeordnete zeigen, auf einen Haufen Müll. Denken, das sich weigert, diesen akosmischen Müll zu denken, ist kein Denken. Wer an der Gleichgültigkeit der Welt vorbeidenkt, denkt überhaupt nicht. Sollte es so etwas wie Humanismus geben, eine erneuerte Theorie des Subjekts, müsste er sich auf der Höhe des traumlos kalten Weltraums bewegen, auf der Höhe dessen, was Michel Foucault das anonyme Gemurmel einer subjektlosen Sprache nennt, auf der Höhe einer Zärtlichkeit, die mit Gleichgültigkeit koinzidiert. Und wenn es darum geht, Chaos in die Ordnung zu bringen, dann deshalb, weil das Chaos immer schon da ist, verdeckt von Ordnungsmustern und humanistischen Vignetten, deren Funktion in der Dämpfung des Kontakts mit dem Inkommensurablen liegt.

FW: Ich finde es gut, dass du mein kafkaeskes Gefühl des Ausgeliefertseins, um nicht zu sagen Geworfenseins, etwas runterkochst und auf die Zärtlichkeiten einer entsubjektivierten Welt hinweist. Eigenartigerweise scheinen die Atheisten genau aus demselben traumlos kalten Kosmos mit seinen unendlichen Räumen eine Art Trost zu beziehen, während Pascal davon zutiefst erschreckt wird. Woran mag das liegen? Kann der Materialist dort eine zarte Gleichgültigkeit erkennen, wo der Gläubige immer nur die Abwesenheit Gottes sieht? Karl Barth, der versuchte, Teile der von dir genannten Philosophie in den christlichen Glauben zu integrieren, endete auch bei recht aussichtslosen Bildern, etwa von Gott als einer »alle Aussicht versperrenden Feuermauer«. Der Ansatz scheint mir ähnlich gelagert, aber für den einen wird eine Zärtlichkeit spürbar, für den anderen absolute Verlorenheit – für den einen öffnet sich eine Aussicht, für den anderen wird diese Aussicht versperrt. Aber es gibt auch in der Mystik zwei Ansätze: Der eine sieht in allem Gott, der andere sieht in allem das Fehlen Gottes. Der Idealismus kann natürlich schon darum nicht indifferent sein, weil er für seine dialektische Maschinerie die Differenz als Schmieröl braucht, aber strebt er in gewissem Sinne nicht doch auch eine Indifferenz an? Und nähert man sich der Verbindung von Ordnung und Unordnung nicht vielleicht am besten tatsächlich dialektisch? Paul Valéry hat immer wieder über Ordnung und Unordnung nachgedacht und fand die Welt von beiden gleichermaßen bedroht. Weil er das aber nicht dialektisch sehen konnte, wie später Adorno und Horkheimer, hat er bedauerlicherweise eine etwas kulturpessimistische Haltung der Aufklärung gegenüber entwickelt, die für ihn die unendlichen Möglichkeiten sich widersprechender Dogmen und Ideen in die Welt gebracht hat, sodass der Mensch der Moderne als melancholischer Hamlet zwischen den Heuhaufen seiner Möglichkeiten verhungert.

MS: Eine an Milena Jesenská gerichtete Bemerkung Kafkas fällt diagnostisch aus: »[…] ich war wie nicht von dieser Welt, aber auch von keiner andern«. In der Welt aus ihr herausgefallen zu sein, ist das Schicksal derer, die sich weder mit der Transzendenz noch der Immanenz identifizieren können. Weder Jenseits noch Diesseits sind eine Option. Wie so oft muss man Kafka als Topologen der Vergeblichkeit lesen. Er fragt nach seinem und unserem Ort. Die Transzendenz ist durch die Inexistenz einer Hinterwelt verschlossen. Zugleich ist reine Immanenz Illusion. Kafka zielt auf immanente Transzendenz. Sie kommt keiner Restitution eines religiösen oder metaphysischen Paradigmas gleich. Eher ist sie Index seiner Implausibilität. Es gibt einen dritten Ort. Das ist das Dazwischen. Statt imaginär zu sein, ist er in einem gesteigerten Sinn real, indem er die Kluft zwischen Realität und Idealität benennt. Der Mensch, als den Kafka sich wahrnimmt, ist in der Wirklichkeit aus ihr gestürzt. Bei diesem Sturz handelt es sich um die Erfahrung eines Leerraums, der das stürzende Subjekt im Herzen aller Realitäten empfängt: als bewohnbare Wüste, die manche Philosophen den Abgrund der Freiheit nennen.

FW: Dieses Dazwischen durchzieht das gesamte Werk Kafkas, wahrscheinlich sogar sein ganzes Leben. Es ist nicht zuletzt der Ort einer beständigen Unruhe wie zum Beispiel in dem kurzen Text, dem Max Brod den Titel »Gibs auf!« gegeben hat, in dem der Erzähler zwischen zwei Zeiten gerät, nämlich die auf seiner Taschenuhr und die auf einer Turmuhr angezeigte, und dadurch eigenartiger Weise vom Weg abkommt, quasi nach dem Motto: »Zum Raum wird hier die Zeit.« Er versucht nun, aus diesem Dazwischen zu entkommen, indem er einen Schutzmann nach dem Weg fragt, der ihn aber mit einem wiederholten »Gibs auf!« abspeist. Man kann das als verweigerte Hilfe lesen, aber auch als Feststellung, dass dem Dazwischen nicht durch einen Rat von außen zu entkommen ist. Man könnte diese Geschichte sogar parallel zu Kafkas »Verfügung« lesen, in der er Brod bittet, seinen Nachlass »ausnahmslos zu verbrennen, und dies möglichst bald«, denn auch da bleibt Kafka uneindeutig, da er zwar schreibt, Brod möge ihn »am liebsten ungelesen« vernichten, dann aber eine Klammer einfügt, in der er es Brod dann doch nicht verwehrt, hineinzuschauen. Er wendet sich an Brod wie an den Schutzmann und erwartet dementsprechend auch ganz folgerichtig, dass der seinen Wunsch abtun und nicht befolgen wird. Das Dazwischen zeichnet sich aber gerade dadurch aus, dass es zum Verlassen des eigenen Zustands drängt, und vielleicht ist Kafka tatsächlich der Dichter des Limbus oder Purgatoriums, in dem wir uns wahrscheinlich am ehesten befinden. Kafka war eben klar, dass wir dieses Dazwischen nicht verlassen können, wenn es uns auch noch so sehr in Richtung Himmel oder Hölle ziehen mag. Es gibt einen Eintrag im Reisetagebuch von Max Brod, der beinahe selbst wie eine Kafka-Geschichte klingt. Darin beschreibt er den Besuch in einem Pariser Bordell. Am Ende heißt es: »Die Sache geht auf einem trockenen, halbharten, sehr breiten und ganz flachen Diwan vor sich – angenehm, daß kein Bett prätendiert wird. – Meine Wahl kam mir sehr schlecht vor, ich dachte immerfort an die anderen Mädchen unten. Zu Hause Odol von Kafka ausgeborgt, das hier gegen Syphilis wie in Mailand gegen Cholera schutzverheißend scheint.« Von der Tatsache einmal abgesehen, dass er nicht die Prostituierte, sondern den Diwan beschreibt, und sich anschließend von Kafka das Wundermittel Odol geben lässt, das je nach Ort gegen die jeweils dort gefürchtete Krankheit wirkt, so wäre Kafka, wenn ich das einmal so extrapolieren darf, vermutlich klar gewesen, dass es immer nur eine »schlechte Wahl« gibt und nie eine gute, dass man immer das herbeisehnt, gegen das man sich entschieden hat, und dass diese Sehnsucht zusammen mit dem Wissen um ihre Unerfüllbarkeit zur Verfasstheit des menschlichen Limbus, dieses Dazwischen-Seins, gehört.

MS: Heiner Müller schreibt »Die Blindheit von Kafkas Erfahrung ist der Ausweis ihrer Authentizität«. Kafka blickt in die Sonne. Das unterscheidet ihn von Brecht, der von der Sonne nichts wissen will. Brecht scheißt auf die Sonne. Das nennt er Poesie/Literatur. Um nicht zu erblinden, will er nichts als das Sichtbare sehen. Kafka interessiert das Sichtbare nicht. Es ist Index seiner Unsichtbarkeit. Jeder seiner Texte reicht ins Jenseits der Sichtbarkeit. Der Antiplatonismus oder Antiidealismus Brechts wird durch Kafkas Platonismus, der ohne Idealismus auskommt, konterkariert. Er blickt durch die positivistische oder historistische Illusion hindurch. Von Brecht trennt ihn dessen Zuversicht, das Pädagogische, Lehrstückhafte, die Moral des Morallosen. Müller will nicht ausschließen, dass Kafka der politischere Autor ist, politischer als der durch seinen Restidealismus entpolitisierte Brecht. Kafkas Blindheit macht ihn sehend. Er sieht die Unsichtbarkeit. Brecht irritierte an Kafka, was ihn an Benjamin faszinierte: die Insistenz auf der Unsichtbarkeit des Sichtbaren selbst.

FW: Es scheint mir bei Kafka auch immer um ein Unsichtbar-Machen zu gehen, das aus diesem kindlichen Glauben entsteht, man werde nicht gesehen, wenn man die Augen schließt. Es ist ein Automatismus, der mit dem Beginn einer Selbsterkenntnis zusammenfällt, so wie sich Adam im Paradies zu verstecken versucht. In *Zement* entwickelt Heiner Müller aus dem kindlichen Spiel des Versteckens die Dramatik der menschlichen Tragödie zwischen Gemeinschaft und Individualität: »Und manchmal wird der letzte / Weil er zu gut versteckt ist, nicht gefunden. / Dann warten alle, die versteinert dastehn / Jeder sein eigenes Denkmal, auf den letzten.« Man darf also das Verstecken nicht zu gut spielen, sondern immer miteinbeziehen, dass es dabei um das Gefunden-Werden geht, dass es sich eben um ein Spiel handelt und dass das Spiel generell, ähnlich wie der Ritus, eine gesellschaftliche Funktion hat, die nicht unterschätzt oder als überholt abgetan werden sollte, da sonst in letzter Konsequenz, wie es bei Müller heißt, die Auferstehung ausfällt.

MS: Elias Canetti behauptet: »Kafka, der nie ein Gott sein will, ist auch nie ein Kind. Was manche an ihm erschreckend finden und was auch mich beunruhigt, ist seine konstante Erwachsenheit. Er denkt, ohne zu gebieten, aber auch ohne zu spielen.« Ist das zutreffend? Dass Kafka sich Infantilismus und Unschuldspathos versagt, ist klar. Als Dichter unmöglicher Unschuld muss er der Selbstverkindlichung opponieren. Heißt das, dass er nicht spielt? Vielleicht muss man verstehen, dass es keine unschuldigen Spiele gibt. Wer Kinder oder Erwachsene mit kindlichem Eifer spielen sieht, weiß das. Wie das Lachen faktische Traurigkeit nicht eliminiert, tut das Spielen der Ernsthaftigkeit keinen Abbruch. Es gibt bei Kafka, wie bei Robert Walser, einen leise rieselnden Humor. Auch könnte das scheppernde Lachen Odradeks dasjenige Kafkas sein. Es gibt Leute, die Lachen, ohne zu lachen. Unmerklich. Menschen mit einem nach innen gerichteten Humor. Oft ist es nur ein Sekundenlächeln, das ihr verborgenes Lachen verrät. Die Erwachsenheit, die Canetti bei Kafka bemerkt, widerspricht nicht dessen Fähigkeit, noch den Zustand der Hoffnungslosigkeit oder Verzweiflung – ohne ihn aufheben zu können oder zu mildern – einer Komik preiszugeben, über die man nur lachen kann. Kafka ist ein witziger Autor. Manche Szenen bei ihm wirken slapstickhaft, man muss an Chaplin denken, an repetitives Scheitern als Allegorie der Conditio humana.

FW: Der von mir vorhin erwähnte Text »Gibs auf!« endet damit, dass sich der Schutzmann mit großem Schwung abwendet, »so wie Leute, die mit ihrem Lachen allein sein wollen«. Warum will man mit seinem Lachen allein sein? Wahrscheinlich, weil man sich damit gegen den anderen positioniert. Chesterton legt seinem Pater Brown folgenden Gedanken in den Mund: »Man könnte fast sagen, der Mensch, der allein lacht, ist entweder sehr gut oder sehr schlecht. Er vertraut den Spaß entweder Gott oder dem Teufel an.« Und weil er mit dem Humor so genau vertraut war, hat Chesterton auch darauf hingewiesen, dass das Gegenteil von »heiter« nicht »ernst«, sondern »nicht heiter« sei, denn gerade der Ernst benötigt ja eine entsprechende Heiterkeit, um in seiner Bedeutung angenommen werden zu können.

MS: »Gott war ein Fehler. Aber es ist schwer zu entscheiden, ob er zu früh oder zu spät war«, sagt Canetti. Was er nicht sagt: dass Gott gegenwartslose Gegenwart ist. Als Kommender oder als Früherer, als Toter oder als Lebender markiert Gott die Präsenz des Nichts. Die Dekonstruktion der Präsenzmetaphysik, die Derrida Logophonozentrismus nennt, muss der Existenz der Inexistenzentität, die Gott heißt, Rechnung tragen. Das hat nichts mit religiösem Glauben zu tun. Es ist ein mathematisches Kalkül, das Gott zur präsenten Absenz = absenten Präsenz erklärt. Keine Mathematik kommt ohne die Null aus. Die Null ist kein Fehler. Sie trägt das System. Man verfehlt sie, indem man sie ontifiziert. Ontologisch formuliert ist Gott, was nicht sein kann. Die im Raum gegebener Entitäten inexistente Größe. Das inkommensurable Sein, das mit dem Nichts konvergiert. Die christlichen Ontotheologien zielen auf die Leerstelle im System, das ihre Postulate zusammenhält. Was Gegenwart gibt, muss nicht selbst gegenwärtig sein. Deshalb sagt Heidegger von der platonischen Idee des Guten, dass sie das Tauglichmachende sei. Sie hebt ins Sein, ohne selbst zu sein. Das tut auch Gott. Er muss dafür nicht existieren.

6. Die Wüste des Nihilismus

FW: Wenn Badiou seine Heidegger-Kritik beinahe auf die Formel bringt, man müsse sich von der Poesie lösen, um Heidegger zu kritisieren, so gilt das, glaube ich, nicht allgemein für sein Denken, in dem die Dichtung gerade in Bezug auf das philosophische Denken eine große Rolle spielt.

MS: Badiou problematisiert die Vernähung von Poesie und Philosophie. Im Hintergrund steht Heidegger, der zu Hölderlin, Trakl, Rilke etc. gearbeitet hat. Die Texte kann man in Heideggers *Gesamtausgabe* nachlesen, oder in seinen Büchern *Holzwege*, *Unterwegs zur Sprache* und *Erläuterungen zu Hölderlins Dichtung*. Die Hölderlin-Vorlesung »Der Ister« vom Sommersemester 1942 ist wichtig, weil dort der Begriff der »Gegenwendigkeit« zentral wird, analog zu dem, was Heidegger die »Kehre« nennt, die nicht nur die Wegkehre seines Denkwegs beschreibt, sondern das Gegenläufige im Menschenwesen selbst, wenn ich es so »essenzialistisch« ausdrücken darf. Wenn man Heidegger grundsätzlich ablehnt (es gibt gute Gründe, ihn mehr als kritisch zu sehen, vor allem aufgrund seiner Verwicklung in den Nationalsozialismus), dann sieht man nicht, dass sich dort eine Differenzphilosophie Bahn bricht, die im französischen Differenzdenken der zweiten Hälfte des 20. Jahrhundert kulminiert, während sie sich als dezidiert links versteht, auf eine differenzierte, möglichst undogmatische, aber doch eben durch Heidegger motivierte Art.

FW: Dann wäre diese Entnähung, die Auflösung der Naht, gar nicht unbedingt eine Abkehr von der Poesie, sondern sogar eine Befreiung der Poesie.

MS: Poesie kommt bei Badiou laufend vor. Wie bei Rancière und Meillassoux spielt Mallarmé eine wichtige Rolle. Auch Osip Mandelstam, Fernando Pessoa und Walt Whitman tauchen auf. Oft beruft sich französisches Denken auf französische Dichtung. Ich sage es als Halbfranzose mit beinahe schlechtem Gewissen: Man kann einen gewissen Kulturnationalismus der Franzosen nicht ignorieren (er betrifft auch andere Nationen!). Frankreich kreist unnötig übertrieben um seine kulturelle Identität (was immer das sein mag!). Badiou ist nicht frei davon. Dennoch hat er immer wieder, wie vor ihm Sartre und Deleuze, den Blick auf amerikanische beziehungsweise nichtfranzösische Literatur gelenkt.

FW: Man muss dabei mitdenken, dass die deutschen Philosophen in Frankreich ganz anders als in Deutschland rezipiert wurden. Zum Beispiel Nietzsche, bei dem es bis zur Neuausgabe von Colli und Montinari Ende der Siebzigerjahre eine starke Betonung der ja eher fragwürdigen Willen-Zur-Macht-Zusammenstellung der Nietzsche-Schwester gab. Oder Hegel, der lange gar nicht übersetzt war.

MS: Das 1950 bei Princeton University Press erschienene Nietzsche-Buch von Walter Kaufmann hat mit der sogenannten »Nietzsche-Legende« im Wesentlichen aufgeräumt. Es stellt einen bedeutenden Schritt in Richtung der Problematisierung der Vereinnahmung Nietzsches durch den Nationalsozialismus dar, an der Elisabeth Förster-Nietzsche als Gründerin und Leiterin des Weimarer Nietzsche-Archivs mit ihrer Editionspraxis beteiligt war. Die französische Hegel-Rezeption der ersten Hälfte des zwanzigsten Jahrhunderts – beflügelt durch Jean Hyppolites Übersetzung der *Phänomenologie des Geistes*, die 1939 bis 1941 in zwei Bänden erschien – ist anders als die deutsche Hegel-Rezeption verlaufen. Jean Wahl, Alexandre Koyré und vor allem Alexandre Kojève waren hierfür wichtig. Auch Bataille hat sich zu Hegel bekannt, zu Nietzsche *und* zu Hegel, zu beiden mit gleicher Intensität, was für Deleuze nicht infrage kam. Die Kategorie des unglücklichen Bewusstseins war zentral (Jean Wahls *Le malheur de la conscience dans la philosophie de Hegel* ist 1929 erschienen). Da taucht ein protoexistenzialistischer Hegel auf, der Zerissenheitsstatus des Subjekts gerät in den Blick.

FW: Da wird sozusagen gleich von Anfang an Hegel mit Nietzsche gelesen. Während es bei uns eine gewisse natürliche Chronologie in der Rezeption gibt, kehrt sich das bei Bataille um, *Sur Nietzsche* ist dann der Versuch einer Aneignung, indem er Nietzsche auf seine persönlichen Erfahrungen hin abklopft. Man würde Bataille nicht unbedingt zu den existenziellen Autoren rechnen, wobei er existenziell auf der Suche ist und seine Reflexionen immer in Bezug zur eigenen Erfahrung setzt. Badiou ist ja der Meinung, dass Bataille im Vergleich zu Pasolini weniger radikal und risikofreudig gewesen sei, was die Dialektik von Erniedrigung und Sublimierung angeht, und ich kann gut verstehen, was er meint. Auf den ersten Blick sieht es so aus, als würde sich Bataille immer wieder in Nebensächlichkeiten und beinahe Peinlichkeiten verzetteln, aber ich denke, dass man auch das als eine Form der Radikalität interpretieren könnte, eben keinen Gedanken auszuschließen, sondern alles zuzulassen. Während bei Pasolini natürlich auch der gewaltsame Tod eine Rolle spielt, da ist man dann sehr leicht bei einer gewissen Heiligen- beziehungsweise Heldenverehrung. Die Kritik, die Sartre an Batailles religiösen und philosophischen Gedankenentwicklungen hatte, hat Hand und Fuß und ist vollkommen berechtigt, Sartre ist da ganz klar der überlegenere und luzidere Denker. Aber wenn man das Denken als eine Art Praxis begreift, die eben auch Irrwege auslotet, dann ist Bataille in diesem Bereich einzigartig.

MS: Batailles *Die innere Erfahrung* hat eine unverkennbar existenzielle Dimension. Sie korrelliert Blanchots Erfahrung des Außen/Draußen (*dehors*). Es geht um die Sprengung von Innerlichkeit. Auch in der Schilderung von Sexualität, in *Die Geschichte des Auges* von 1928 zum Beispiel. Es gibt da eine Verquickung von Theologie, Sex und Philosophie. Man könnte von einer Sexualontotheologie sprechen. Da ist eine metaphysikkritische Sexualmetaphysik am Werk. Die Register lassen sich nicht auseinanderhalten. Wenn man Hegel liest, der für Bataille neben Nietzsche sehr wichtig war, dann fällt auf, dass auch Hegel ein Sexualontotheologe war. Die Kategorie des Begehrens ist zentral. Die spekulative Dialektik kommt einem Sexualakt gleich, der Aneignung, Entäußerung, Vereinigung impliziert. Zudem ist der frühe Hegel explizit theologisch ausgerichtet.

FW: Die Entäußerung leitet sich von der Kenosis ab.

MS: Die Register Endlichkeit/Unendlichkeit treten hinzu – man sieht, dass sich das nicht leicht trennen lässt.

FW: Ähnlich wie die Verknüpfung von Hohem und Niedrigem, über die Hegel schreibt: »Das *Tiefe*, das der Geist von innen heraus, aber nur bis in sein *vorstellendes Bewußtsein* treibt und es in diesem stehen läßt, – und die *Unwissenheit* dieses Bewußtseins, was das ist, was es sagt, ist dieselbe Verknüpfung des Hohen und Niedrigen, welche an dem Lebendigen die Natur in der Verknüpfung des Organs seiner höchsten Vollendung, des Organs der Zeugung, – und des Organs des Pissens naiv ausdrückt. – Das unendliche Urteil als unendliches wäre die Vollendung des sich selbst erfassenden Lebens, das in der Vorstellung bleibende Bewußtsein desselben aber verhält sich als Pissen.«

MS: Der Penis als Organ des Pissens, nicht nur der sublimen Zeugung. Das Pissen steht für Notdurft und Vulgarität. Das Verhältnis zu unseren Exkrementen wird auch bei Lacan thematisiert. Wir sind die Tiere, die ein heikles Verhältnis zu ihren Exkrementen unterhalten. Das betrifft mehr noch die Scheiße als den Urin. Wobei auch die nichtmenschlichen Tiere ihre spezifischen Verhaltensformen zu ihren Ausscheidungen haben …

FW: Die verscharren auch. Aber gleichzeitig ist es auch ein Erkennen. Die Exkremente des Wildes heißen ja nicht umsonst »Losung« in der Jägersprache.

MS: Bei Derrida gibt es eine Stelle, wo er vom evolutionsgeschichtlichen Wechsel des Menschen in den aufrechten Gang als Entfernung der Nase von den analen und genitalen Zonen spricht. Auch hier ein kritisches Verhältnis zur Korporalität als einem Ausscheidungssystem, dem Reich mal übler, mal lockender Gerüche etc.

FW: Auch mit diesem Bereich hat sich Bataille ausführlich auseinandergesetzt.

MS: In Verbindung mit seinem vielleicht populärsten Begriff, dem der Souveränität, der mit der Kategorie der Verschwendung und dem der Grausamkeit zusammenhängt. In *Der verfemte Teil* wird das Reale thematisiert, das Ausgegrenzte, das Abjekte, wie Julia Kristeva es nennt.

FW: Der Begriff der Verschwendung ist bei Bataille natürlich zentral.

MS: Er bezieht sich auf Marcel Mauss.

FW: Und den Potlatch, den er als radikal andere Form einer gemeinschaftlichen Praxis entdeckt. Schließlich war den christlichen Missionaren nicht umsonst sofort klar, dass der Potlatch der eigenen Lehre und in der Folge auch dem kapitalistischen Wirtschaftssystem diametral entgegensteht, weshalb er entsprechend bekämpft und schließlich verboten wurde.

MS: Bei Hegel ist es eine Glück-im-Unglück-Dialektik. Die Selbstverschwendung oder Selbstentäußerung des Geistes ist nur ein Zwischenschritt. Das odysseische Ankunftsglück, das man mit Hegel assoziiert hat, garantiert dem Geist die Rückkehr zu sich selbst …

FW: … um sich erneut zu entäußern. Diese Bewegung hört nicht auf.

MS: Man müsste Hegels Begriff der Unruhe mit einer Art ontologischem Fieber konnotieren, das das Fieber des Denkens ist. Fieber der existenziellen Disposition des Subjekts qua Subjekt, als Schauplatz elementarer Ruhelosigkeit. Bei Heidegger ist der Stein weltlos, das Tier weltarm, der Mensch weltbildend. Dass er weltbildend ist, markiert seinen Status als katatrophisches Subjekt (*katastrophe* meint Umwendung, Umschlag, Kollaps). Das ist der Sturz aus dem Paradies: dass wir Konstrukteure unserer Identität sind, ins Fieber gerissen, todkranke Tiere. Reflexionsfähigkeit wird zum Problem – lange bevor Shakespeare die Hamlet-Figur als Subjekt entwirft (man denke an das zweite Stasimon der sophokleischen *Antigone*, das den Menschen in seiner Unheimlichkeit beschreibt).

FW: Das sind augenscheinlich die wesentlichen Eigenschaften Hamlets, aber eben nicht nur, denn er ist in anderen Gebieten jemand, der sehr überstürzt und unüberlegt handelt, etwa wenn er einfach auf einen Vorhang einsticht und den dahinterstehenden Polonius tötet, ohne zu wissen, wen er da ins Jenseits befördert. Aber es sind noch andere Widersprüche, die in dieser Figur zusammenfinden: Einerseits erscheint er oft verwirrt, andererseits kann er ein Theaterstück planen, um Claudius zu überführen, er drückt in allem eine Ambivalenz und Zweideutigkeit aus, weshalb er auch eine sehr moderne Figur ist, da er damit die Frage nach dem Subjekt und der Identität stellt, zudem bleibt offen, was er bei alldem lediglich nur zu sein vorgibt.

MS: Das fiebrige Moment menschlicher Subjektivität hat damit zu tun, dass sie weder in der Ruhe noch in der Eskalation oder Akzeleration zur Ruhe kommt. Es ist kein Zufall, dass Derrida in Hegel den letzten Denker des Buchs – der geschlossenen Form, der Totalität oder Identität – und den ersten Denker der Schrift oder des Textes, der kontingenzoffen bleibt, sich nicht über sich selbst schließt, erkennt, was seine gespenstische Verwandtschaft zu Hegel ausmacht. Derrida widerspricht dem orthodoxen Hegelianismus beziehungsweise Antihegelianismus, die beide in Hegel kaum mehr als den preußischen Staatsphilosophen und Versöhnungsdialektiker sehen. Um Hegel zu verstehen, ist es hilfreich, ihn zu lesen. Man merkt schnell, dass Hegel kein Hegelianer ist, so wie Marx kein Marxist sein wollte. Hegel koinzidiert nicht mit dem vulgären, allzu schematischen Hegelbild des platten Antihegelianismus. Es gibt bei ihm, wie ich schon sagte, Unruhe, Selbstbeschleunigung, Turbulenz. Da gibt es den schönen Satz, den Heidegger in den berühmten Seminaren in Le Thor (an denen auch der junge Giorgio Agamben teilnahm) zitiert. Er soll von Hegel stammen (ich habe das nicht geprüft): »Ein zerrissener Strumpf ist besser als ein geflickter.« Hegels Modell ist die Identität von Identität und Differenz. Man meint, am Ende obsiegt die Identität. Bei Derrida ist es vielleicht (ich vereinfache) die Differenz von Identität und Differenz. Zuletzt geht es beiden darum, der Identität wie der Differenz (oder Zerrissenheit) ihr Recht zu geben. Fast im Sinne der Unschärferelation Heisenbergs: Es ist nicht möglich, für den gleichen Zeitpunkt mit gleicher Genauigkeit Ort und Impuls eines Elektrons zu bestimmen. Das lässt sich auch auf die Überlegungen zu Identität und Differenz beziehen. Man kann nicht gleichzeitig beiden gleichermaßen gerecht werden, aber beide fordern ihr Recht, zu Recht! Hegel und Derrida verbindet, sich dem Abgrund einer Negativität zu öffnen, angesichts derer das Subjekt ins Wanken kommt. Der wankende Boden ist Allegorie der Moderne wie der Nachmoderne. In ihm allegorisiert sich das Schicksal der Menschen, ohne gültige Programmierung auskommen zu müssen, ohne Telos, ohne Gott. Die Grunderfahrung der Moderne oder der Neuzeit ist die des Abgrunds. Man kann auch Bodenlosigkeit sagen. Der Boden wankt. Er ist nicht in einem noch tieferen Boden gesichert. Als sei der Ausgangspunkt moderner Selbstreflexion ein gewisses Erdbeben, das einem den stabilen Grund unter den Füßen wegreißt. Das ist der Initialmoment des Denkens, die Erfahrung bodenloser Freiheit, die das moderne Subjekt in die Zerrissenheit trieb, in den Zweifel, in die Ungewissheit. Die Erfahrung der Freiheit wird zur Erfahrung des Abgrunds, aber auch einer gewissen Offenheit und Indetermination. Das Subjekt begreift, dass noch nicht alles entschieden ist. Es macht die Erfahrung eines seine Existenz ergreifenden Taumels. Die Beschreibung dieses Taumels durchzieht die gesamte moderne Philosophie. Das eben ist Philosophie: Affirmation einer Freiheit, die in den Schwindel reißt. Bejahung der Ungesichertheit des Subjekts unter einem Himmel ohne Gott. Selbstentsicherung dieses Subjekts auf ein Subjektaußen, das es längst heimgesucht hat, um es von innen, wenn man so sagen kann, zu zerstören. Es gibt ein Subjekt nach dem Subjekt. Es ist nicht postmodern, was immer das auch hieße. Es handelt sich um das Subjekt der modernen Erfahrung oder Erfahrung der Moderne par excellence. Das ist die Erfahrung originärer Nichtidentität mit sich. Erfahrung eines Schlitterns und Gleitens. Erfahrung des wankenden Bodens, die mit der Freiheitserfahrung koinzidiert. Frei ist, wer ungerettet bleibt, unerlöst. Das messianische Erlösungsparadigma riskiert, dem menschlichen Subjekt sein Subjektsein zu nehmen, indem es ihm die Freiheit zur Ungerettetheit raubt. Gnade kann nicht in Rettung bestehen. Auch nicht in deren unendlichem Aufschub. Wirkliche Gnade schenkt die Freiheit, nicht man selbst zu sein, nicht zu wissen, woher man kommt, wohin man geht. Nicht einmal wissen zu müssen, wofür. Als sei man für einen Augenblick ins Paradies zurückgekehrt. Größtmögliches Geschenk Gottes an den Menschen: ihn von seiner Existenz zu entlasten, von derjenigen des Erlösers. Der postmessianische Messianismus, in den sich das moderne Subjekt geworfen findet, ist der der bodenlosen Freiheit, die das Subjekt mit seinem Abgrund konnotiert, mit der Inexistenz Gottes, mit dem Glück also, nicht unsterblich zu sein.

FW: Die Unschärferelation ist für mich ein wichtiges Denkmodell. Ich habe schon lange den Titel »Unschärfe und Relation« für einen Aufsatz notiert, weil ich denke, dass sich jede Relation durch eine gewisse Unschärfe bestimmt, umgekehrt die Unschärfe gewisse Relationen überhaupt erst ermöglicht. Man kann das auch im gesellschaftlichen Diskurs beobachten, dass immer dann, wenn sich der Fokus auf ein Thema richtet, das sozusagen scharf gestellt wird, andere Themen unscharf werden, aus dem Fokus geraten und vernachlässigt werden. Wahrscheinlich ist es auch gar nicht möglich und eine Illusion, alles in gleicher Schärfe sehen zu können, weshalb das Wissen um die Unschärfe umso wichtiger ist, weil man mit ihr aus der Wertung herauskommt, die sich davor fürchtet, etwas zu einem Hintergrund zu degradieren; es ist im Moment Hintergrund und unscharf, aber dennoch vorhanden und kann durch einen Wechsel der Tiefenschärfe in den

Vordergrund gerückt werden. So kann man vielleicht zu einer Art der Wahrnehmung kommen, die eine Unschärfe integriert. Theodor Reik hat das Ende der Vierzigerjahre zum Beispiel mit seinem *Hören mit dem dritten Ohr* für das psychoanalytische Setting versucht, das heißt, man schraubt die Aufmerksamkeit, die bewusst nach einer Lösung sucht, herunter und nimmt auch andere, scheinbar unbedeutende Dinge, wie körperliche Reaktionen oder Stimmlagen, wahr, vor allem aber auch, was man selbst bei der Wahrnehmung spürt. Der Begriff »drittes Ohr« stammt von Nietzsche und wird von ihm eher kulturkritisch verwandt, wenn er in *Jenseits von Gut und Böse* – ein Bereich, der wahrscheinlich ohnehin nur in einer gewissen Unschärfe existieren kann – schreibt: »Welche Marter sind deutsch geschriebene Bücher für den, der das dritte Ohr hat!«

MS: Die Pathologie ist der Normalfall. Der Irrtum besteht darin, uns daran gewöhnt zu haben, zu denken, es gäbe das Normale plus die pathologische Abweichung. So einfach ist es nicht. Wir dürfen auch nicht in die Romantisierung des Pathologischen gehen, in die Verherrlichung psychotischer Zustände. Deleuze hat kaum ausgehalten, was er in der Nervenheilanstalt zu sehen bekam. So relativiert sich die Romantisierung extremer Zustände. Ganz gleich, ob es um schizoide oder gravierendere Fälle des Wahnsinns geht. Es stellt sich die Frage: Wer, wenn der Wahnsinnige es nicht kann, obwohl er der einzig Befugte wäre, bezeugt den Wahnsinn? In welcher Sprache, sofern sie nicht die des Wahnsinns sein kann? Das sind Fragen, mit denen sich Foucault beschäftigt oder, auf seine Art, Agamben, der nach der Möglichkeit der Bezeugung des Unbezeugbaren fragt.

FW: Lacan würde sagen, die Realität ist wie ein Roman konstituiert, und Claude Lanzmann hat gesagt: »Wenn ich einen Film gefunden hätte – einen geheimen Film, weil das Filmen verboten war –, gedreht durch die SS, in dem gezeigt wird, wie 3000 Juden – Männer, Frauen und Kinder – zusammen sterben, in der Gaskammer des Krematoriums 2 in Auschwitz ersticken, so hätte ich ihn nicht nur nicht gezeigt, ich hätte ihn sogar vernichtet.« Kann also vielleicht nur die Dichtung etwas tatsächlich dokumentieren, nämlich indem sie es konstruiert, während es umgekehrt gar nicht möglich ist, das Grauen mithilfe von dokumentarischem Material darzustellen?

MS: Die Frage der Dokumentation wird vom Phantasma der Totaldokumentation begleitet. Da spielt die Vorstellung vom absoluten Auge rein, vom Blick, der alles sieht, dem nichts entgeht. Hier koinzidieren ein gewisser Glaube in die Repräsentation und Objektivierung der Tatsachen mit der narzisstischen Fantasie, vollständig und angemessen erkannt oder anerkannt zu sein. Es gibt keinen Tatsachenbericht, der nicht Tatsachenerzählung wäre, keine wahrgenommene Realität, die nicht eingespannt bliebe in Narrationen, die sie nicht vollständig kontrolliert. Wittgenstein hat diese Narrationen »Sprachspiele« oder »Lebensformen« genannt.

FW: Ich würde gern noch auf den panoptischen Blick kommen. Das Interessante an ihm ist für mich die Tatsache, dass der äußere Blick immer weiter in den Bereich des Imaginären hinein verlagert wird, bis er sich selbst dann erfüllt, wenn er äußerlich gar nicht mehr existiert. Es ist eigentlich der Blick des großen Anderen, der einfach dadurch eine so starke Wirkung hat, dass er jederzeit Zugriff auf dich haben kann. Das Problem in Bezug auf den Tod Gottes, könnte man mit Nietzsche sagen, ist die Persistenz dieser Vorstellung von einem auf mich gerichteten Blick. Selbst wenn Gott tot ist, existiert noch sein Blick.

MS: Und das ist beruhigend.

FW: Natürlich kann der große Andere auch beruhigend wirken.

MS: Ich denke nicht nur an Jeremy Bentham oder Foucault. Wenn ich Panoptikum sage, meine ich es im weitestmöglichen Sinn. Es geht um das Alles-Sehen und um das Immer-Gesehenwerden. Gott sieht alles. Einer gewissen christlichen Fantasie gemäß entgeht ihm nichts. Vor ein paar Jahren nahm ich an einer Konferenz in New York teil. Es ging um *surveillance*, Überwachung. In meinem Vortrag (genau genommen waren es zwei kurze Statements) behauptete ich, dass die Vorstellung, laufend beobachtet zu werden, zwar bedrückend sei und als bedrohlich erfahren werde, doch dass das wirkliche Skandalon nicht darin bestünde, ständig beobachtet und womöglich für seine Sünden bestraft zu werden, sondern unbeobachtet zu bleiben, dass da also niemand mitschreibt oder aufzeichnet, was wir sagen und tun. Wenn die Option, bestraft zu werden, ausbleibt, sind wir endgültig verloren. Dann öffnet sich die Wüste des Nichts, des Nihilismus. Es gibt den libidinös grundierten Wunsch, gesehen zu werden, noch dann, wenn das Gesehenwerden zur Bestrafung führt.

FW: Deshalb ist es ein so erschreckender Gedanke, dass Gott sich von seiner Schöpfung abwenden könnte. Diese Vorstellung taucht bereits relativ früh auf und lässt sich auf verschiedene gesellschaftliche Konflikte übertragen. Vielleicht hängt sogar die Sehnsucht nach einem autoritären Führer damit zusammen, denn wenn eine repressive Staatsstruktur etwas garantiert, dann ist es Aufmerksamkeit. Und auch wenn diese Aufmerksamkeit ins Negative gewendet ist, so bleibt sie doch Aufmerksamkeit, und darauf kommt es an. Wie Freud sagen würde: Das Unbewusste unterscheidet nicht zwischen Bejahung und Verneinung.

7. Die durchschnittene Nabelschnur

MS: Lass uns über Lacan sprechen, über die analytische Situation. Der Analytiker ist derjenige, dem der Analysand zu wissen unterstellt. So drückt sich narzisstische Weinerlichkeit aus. Deleuze spricht vom »Regime der kindlichen Larmoyanz«. Der Analysand wirft sich an den Hals der angeblichen Autorität, unterwirft sich ihr, gibt ihr den Schlüssel zu seiner Existenz oder unterstellt ihr – vertrauensvoll, perfide, naiv, aber nie unschuldig –, über einen solchen Schlüssel zu verfügen. Nichts Autoritäreres, als die Autorität über seine Befindlichkeit, seine Existenz an den anderen zu delegieren. Es gibt eine Stelle bei Louis Althusser in seiner Autobiografie (sie reiht sich in die Tradition der Konfessionsliteratur ein): Er beschreibt, dass lange Autofahrten notwendig waren, um seinen Analytiker zu treffen, und dass er wie ein Kind weinend aus dem Auto springend seinem Analytiker in die Arme lief. Ich gebe es aus der Erinnerung wieder. Auch hier haben wir eine gewisse Theologie. Das Kind und die Mutter, das Drama, von dem die Psychoanalyse ihren Ausgang nimmt, trägt religiöse

Züge. Es geht um Bindung und ihre Auflösung. Was macht die Mutter mit dem Kind? Sie tötet es, indem sie es gebiert. Sie zertrümmert die Mutter-Kind-Dyade. Wenn Marguerite Duras sagt, der Akt der Niederkunft sei das, was für sie dem Mord am nächsten komme, dann meint sie auch das: Das Kind wird aus dem Mutterleib gestoßen. Die Mutter verstößt es, indem sie es zur Welt bringt. Es durchläuft den schmalen Geburtskanal und droht dabei zu verrecken. Einmal draußen, wird die Nabelschnur durchtrennt. Die pränatale All-inclusive-Existenz ist unwiederruflich Vergangenheit. Der Kontakt zur Plazenta ist gekappt. Fortan muß es alleine klarkommen. Das Sich-Arrangieren mit seinem Geborensein wird sein Leben ausmachen. Das neutestamentarische »Mein Gott, mein Gott, warum hast du mich verlassen?« aus Psalm 22,2 und Mk 15,34 lebt in der Psychoanalyse fort. Der Kardinalreferent stößt einen ab. Elisabeth Bronfen hat in *Das verknotete Subjekt. Hysterie in der Moderne* über den Nabel und die Entnabelung geschrieben. Da heißt es unter anderem: »Der Nabel fungiert als Zeichen – sowohl buchstäblich als Hautmarkierung, das heißt als Indiz für den Ur-Schnitt, der am Bauch des Neugeborenen vorgenommen wird, und, im übertragenen Sinne, als kulturell kodiertes Symbol jener Markierung, durch die jemand zum Menschen wird. Damit verweist der Nabel analeptisch auf den Bund zwischen Kind und Mutter und zugleich auf seine Verbindung zum Göttlichen. In physischer Hinsicht wird dieses Band bei der Geburt zwar durchtrennt, in psychischer jedoch besteht es während des gesamten Lebens und wird rituell immer wieder erneuert.«

FW: Wenn wir mal bei dem Beispiel von der durchtrennten Nabelschnur bleiben, dann ist das ein notwendiger Schnitt, weil ab einem bestimmten Punkt, sobald das Kind eine gewisse Reife erreicht hat, die Versorgung durch die Nabelschnur nicht mehr ausreicht. Das kündigt sich bereits vorher an, sodass es nicht nur ein Geburtstrauma gibt, sondern bereits davor das Gefühl, dass das, was mich bislang ernährt hat, mich nun tötet, um es mal überspitzt zu sagen. Das Paradies trägt also bereits seine Negation in sich, die in dem Moment sichtbar wird, wenn man anfängt, sich zu entwickeln. Dann reicht die Versorgung nicht mehr aus, die Grenzen werden sichtbar und man muss diese Grenzen überwinden, also das Paradies verlassen. Es ist wie mit dem Weizenkorn, das nur dann viel Frucht bringt, wenn es in die Erde fällt und stirbt. Vielleicht ist daraus auch der Gedanke der Wiedergeburt entstanden, dass Geburt immer etwas von Sterben, Sterben immer etwas von Geburt hat.

MS: Leben heißt, mit dem Sterben begonnen zu haben. Als Produkt einer passiven Genese hat das Kind nicht entschieden, geboren zu sein. Dennoch erfährt es seinen Rauswurf aus dem Mutterkörper nicht ausschließlich als Problem. Wir rühren hier an das Thema der Freiheit in objektiver Unfreiheit. Paradiesische Zustände bleiben illusorisch. Die Regression ins Pränatale ist keine Option. Nur im Postnatalen ist Hoffnung auf Glück. Wenn Adorno sagt, »Es gibt kein richtiges Leben im Falschen«, frage ich mich, wo sonst?

FW: Das würde ich auch sagen. Es ist ähnlich wie bei den angeblichen Rollen, die wir alle spielen: Gibt es denn diese Rollen tatsächlich, oder sind nicht die Rollen das Eigentliche? Bei Adorno gibt es wahrscheinlich immer noch eine Hoffnung auf einen ungetrübten, paradiesischen Zustand.

MS: Adorno war ein Mutterkind. Alexander Kluge hat es hervorgehoben. Er spricht vom kindlichen Urvertrauen, dass es die Welt gut mit einem meine. Wer die Briefe Adornos an seine Eltern, die Mutter vor allem, kennt, setzt sich der Irritation aus, dass er sie als »Wundernilstute« oder »Stuten-Sau« anspricht. Ob das eine gute Idee ist, seine Mutter als Nilpferdstute zu adressieren? So oder so: Es gibt bei Adorno einen unkritischen Hang ins

Paradiesische. Trotz oder wegen der mit Horkheimer erarbeiteten kritischen Gesellschaftstheorie, trotz des Antiaffirmationismus oder Negativismus der *Negativen Dialektik*, besteht in seinem Denken die Vorstellung, es könne doch noch alles gut gehen.

FW: In der *Negativen Dialektik* beschreibt er diese Empfindung anhand eines Heimatgefühls, das beim Klang verschiedener Ortsnamen in ihm entsteht. Amorbach etwa, das ja seine zweite Heimat war neben Frankfurt, vielleicht sogar die erste, weil es sich als Ferienort außerhalb des Alltags befand. Letztlich macht er dieses Heimatgefühl als eine Täuschung aus, die aus einem Zwischenbereich entsteht, zwischen den Worten und den Dingen, genauer zwischen den Namen und den Orten. Die Ortsnamen evozieren dieses Gefühl, sodass man meint, es greifen zu können, während es sich in der Annäherung an den tatsächlichen Ort auflöst und in der Realität nie erreicht werden kann. Das findet sich natürlich auch bei Proust, etwa im dritten Teil von *Unterwegs zu Swann*, der ja »Namen und Orte: Namen« heißt. Mal ganz abgesehen vom ersten Teil: »Combray«.

MS: Das ist auch Benjamin.

FW: Natürlich ist es auch Benjamin, da gibt es große Gemeinsamkeiten.

MS: Mit dem Begriff der Aura scheint auch bei Benjamin eine Art Metaphysik reaktiviert, das Unverfügbare …

FW: … allerdings zeigt sich die Aura im Zerfall.

MS: Verzichtet wird dennoch nicht auf sie. Es gibt bei Benjamin Traurigkeit, Tristesse, Melancholie. Sie implizieren narzisstische Momente: Sehnsucht, Nostalgie. Es gibt den Heimatwunsch – trotz der kritischen Intelligenz. Faszinierend ist diese Dopplung: Reflexionsintelligenz und Verwerfung des Innerlichkeitsphantasmas einerseits, an Verzweiflung grenzender Wunsch nach Geborgenheit jenseits falscher Idylle andererseits. In Bezug auf Benjamin spricht Agamben von der »unüberwindlichen Traurigkeit«, die Kinder gelegentlich befalle. Sie entspringe dem Bewusstsein, »daß sie der Zauberei nicht mächtig sind«. Denn: »Was wir durch unsere Verdienste und unsere Mühen erreichen können, vermag uns tatsächlich nicht wahrhaft glücklich zu machen.« So überspitzt die These sein mag, was zutrifft, ist, dass Traurigkeit der Erfahrung des Unmöglichen entspringt. Im Möglichen eingeschlossen zu sein, entspricht dem Gefühl, kaum zu leben. Nur ein Leben, das sich auf das Unmögliche verlängert und derart den Möglichkeitsradius sprengt, kann ein glückliches sein. Was aber ist Zauberei? Vielleicht müssen wir Zauberei nennen, was in die Immanenz des Wirklichen, das die Möglichkeitszone ist, Löcher reißt. Vielleicht bedeutet zu zaubern, sich nicht im Optionalen zu neutralisieren, ohne irgendeine religiöse Transzendenz zu restituieren. Vielleicht können Kinder dennoch zaubern, insofern ihnen eben dies gelingt: Nichtreligiöse Transzendenz zu generieren, durch ungebremste Fantasie. Und Fantasie ist nicht Fantasterei. Fantasie ist die Fähigkeit, Dinge zu imaginieren, die Wirklichkeit werden durch Imagination. Kraft ihrer wird wirklich, was nicht wirklich sein kann. Auch das Erwachsenensubjekt mobilisiert sie in allen entscheidenden Lagen. Keine Politik, keine Liebe, keine Wissenschaft, keine Kunst, kein Denken, ohne den Mut zu zaubern, obwohl man es nicht kann. Kurz: Adorno und Benjamin verbindet die Weigerung, in einen naiven Positivismus zu gehen.

FW: Das ist ein sehr wichtiger Punkt, diese Verweigerung eines naiven Positivismus bei Adorno und Benjamin, nicht ganz durchgehalten von Horkheimer. Unterstellt man ihnen etwas Derartiges, übersieht man, dass immer eine Distanz bestehen bleibt, eine Ambivalenz der Sehnsucht, die sich nie völlig auflösen beziehungsweise einlösen lässt.

MS: Wir sprachen in Bezug auf Blanchot von der Kategorie des Außen. Du hattest die *Minima Moralia* erwähnt. Sie enthält bereits die Kritik an der Innerlichkeitsmetaphysik, die Benjamin mit seiner Formel vom Etui-Menschen verwirft. Der Etui-Mensch lullt sich ein. Eingekapselt ins samtene Gehäuse scheut er den Kontakt – zu was? Zu dem, was wir das Reale oder das Unbewusste nannten. Die Rechnung geht nicht auf, denn die Gespenster sind schon im Haus. Die Kategorie des Gespenstischen taucht nicht nur bei Derrida, sondern auch bei Benjamin und Robert Walser und Kafka auf (eine Freundin von mir, Sonja Dierks, hat ein schönes Buch zu Kafkas Gespenstern geschrieben). Bei Walser gibt es die kindliche Bereitschaft, mit Riesen, Gnomen, Zwergen zu verkehren, mit Zwischenwesen wie bei Kafka. Das heißt mit indefiniten, inkommensurablen Größen. Weil sie inmitten unserer Welt, unserer Realitätstextur existieren. Ich glaube, dass Benjamin unter anderem deswegen von Robert Walser fasziniert war. Da gibt es eine märchenhafte Offenheit für die Unbestimmtheitsanteile von Realität, für die Namenlosigkeit und Gesichtslosigkeit dessen, was wir Wirklichkeit nennen. Nicht nur Kinder empfinden so. Es geht um einen anderen Blick auf das Wirkliche. Manchmal hilft der Blick aus dem Weltraum. Den gibt es bei Knut Hamsun, Ernst Jünger und Heiner Müller. Wenn Heidegger in *Sein und Zeit* schreibt, dass das ontisch Nächste das ontologisch Fernste sei, dann meint er damit auch, dass wir das Nächste aufgrund seines Naheseins nicht sehen. Wir brauchen Abstand. Oder einen anderen Blick. Dafür braucht es Fantasie. Spekulativen Überflug im Denken. Bilder, die den gängigen Stereotypen, Schemata, Klischees opponieren. Es gibt viele Beispiele in der Literatur, in denen dieser unmögliche Blick vorkommt. Er aktiviert ein anderes Sehen. Manchmal drückt er den Wunsch aus, als Gestorbener auf sich als Lebenden zu blicken. Tot, ohne tot zu sein.

FW: Aber kann dieser Blick nicht auch wieder nur eine Variante des Drinsteckens sein, weil man nun als der auf sich sieht, als den man sich von innen imaginiert? Mir fällt dazu Apollinaire ein, der, als er am Gehirn operiert wurde, darauf bestand, mithilfe einer Spiegelkonstruktion in seinen Schädel zu schauen. Aber was hat er da gesehen? Das ist so ähnlich wie bei den tibetischen Mönchen, die die westlichen Wissenschaftler ausgelacht haben, als die ihre Gehirnströme messen wollten, weil man in ihrer Vorstellung nicht das Hirn, sondern das Herz hätte verkabeln müssen. Und mittlerweile ist man auf den Darm als zweites Gehirn gekommen, und irgendwann wird man feststellen, dass wir uns gar nichts so sehr vom Kraken unterscheiden und ein über den ganzen Körper verteiltes Gehirn haben. Die Körper-Geist-Dichotomie hätte sich dann sogar biologisch als Irrtum erwiesen.

MS: Vieleicht heißt Denken und Schreiben, den Gegenstand des Schreibens und Denkens verloren zu geben. Hier würde ihre Verwandtschaft zur Liebe liegen: in der Selbstbeschleunigung auf das Irreale hin, deren Platzhalter Denk- und Liebesobjekte sind. Die Objektbeziehungen von Denken, Schreiben und Liebe verbindet atemloser Exzess. Es geht nicht um das Objekt, es geht nicht um Objektivierung, es geht um deren Überschreitung auf das hin, was Lacan das Ding nennt, das das Nichtobjektivierbare oder Unverfügbare darstellt. Der Weg zum Ding führt über dessen oder deren (es können mehrere sein) Platzhalter. Man muss begreifen, dass das nicht nichts ist. Obwohl das Ding mit dem Nichts in eins fällt, fällt der Bezug auf es nicht leer aus. Denken und Liebe markieren die Leere im Wirklichkeitssystem, um ihr eine Minimalkonsistenz zu verschaffen, an die die Sprache alle möglichen Wörter hängt. Das eben ist Sprache: Aufhängen von Sinn an den Nichtsinn, dem Nichts mit Sein zu antworten, der Absenz mit Präsenz. In der Zwischenzone dieser ins Wanken geratenen Kategorien Raum zu schaffen für noch namenlose Wahrheiten, seien sie noetischer oder amouröser Natur. An der Philosophie besticht, dass sie als Manie auftritt, als Wahnsinn im Schlepptau der Sprache, deren Netz sie zu zersetzen beginnt. Philosophie ist die Bereitschaft, am helllichten Tage durchzudrehen, seine Gewissheiten dem Ungewissen zu opfern, sämtliche seiner Evidenzen zu zerstören. Wie die Liebe kennt sie keinen Kompromiss, was ihr den Vorwurf der Realitätsvergessenheit einbringt, während sie nichts tut, als sich den Realitätsattrappen zu verweigern, die das Nichtdenken zur Legitimation seines dogmatischen Schlummers braucht. Den Gegenstand seines Begehrens verloren zu geben, heißt, in eine Denkbewegung einzutreten, die einem unverantwortlichen Hyperbolismus gleicht. Das Subjekt geht aufs Ganze, und indem es aufs Ganze geht, rührt es ans Nichts. Diese Berührung muss sich nicht im Modus der Angst vollziehen. Sie kann Lust freisetzen, Glück ohne Befriedigung, erwartungslose Erwartung, wie Derrida sagen würde, zitterndes Glück. Aber auch Ernüchterung, Traurigkeit, Entsetzen. Wie die Liebe ist das Denken von Affekten umstellt. Es gibt kein leidenschaftsloses Denken. Oder nur für diejenigen, die nicht denken, so wie es leidenschaftsloses Lieben für Nicht-Liebende gibt. Zum Wagnis des Denkens gehört die Affirmation des Äußersten. Es ist leer, es ist nichts, gewiss. Und dennoch versammelt es in seiner Leere die selbst leere Wahrheit des Tatsachensystems. Wer sich ihr verschließt, hat nicht zu denken begonnen. Angesichts des Realen oder der Leere fällt die Unterscheidung von Kunst und Philosophie unendlich schwer.

FW: Weil es so unendlich schwerfällt, sich die Leere vorzustellen. Unwillkürlich empfindet man sie als etwas Geleertes, dem immer noch das anhaftet, von dem es entleert wurde. Wahrscheinlich geht es einem mit der Leere so ähnlich wie mit dem Unaussprechlichen, das für Vladimir Lossky in verschiedenen Formen existiert, nämlich als Unaussprechliches von Plotin, Augustinus, Thomas von Aquin und so weiter.

MS: Jedenfalls ist Innerlichkeitsmetaphysik keine Option. Das Sich-Einschließen in ungeprüften Narrationen. Sie müssen aufgebrochen werden, im Schreiben, in der Philosophie. In »Valérys Abweichungen« – Adornos mit einer Widmung an Paul Celan versehener Text von 1960 – geht es, wie immer in Adornos Überlegungen zur Ästhetik, um das schwierige Verhältnis von Form und Inhalt, genauso wie um den Konflikt von Rezeption und Produktion. Es geht also um den Kontakt mit dem Außen, das unsere Illusionen auf der Form- wie auf der Inhaltsebene stört. Das von außen rezipierte Kunstwerk droht zu verfehlen, wer ahnungslos bleibt, statt nur in Bezug auf die Bedingungen seines Gemachtseins, in Bezug auf die blinde Dynamik, Gewalt und Mechanik des Machens selbst. Wie Hegels Eule der Minerva ist der Rezipient per definitionem zu spät. Er steht außerhalb der Produktion des Rezipierten, seines Gemachtseins, an dem er mit kränkender Verzögerung teilnimmt. Zu oft ignoriert die Reflexion die Proflexion künstlerischer Produktion! Sie neutralisiert sie im begrifflichen Element. Adorno schreibt: »Die Fähigkeit, Kunstwerke von innen, in der Logik ihres Produziertseins zu sehen – eine Einheit von Vollzug und Reflexion, die sich weder hinter Naivetät verschanzt, noch ihre konkreten Bestimmungen eilfertig in den allgemeinen Begriff verflüchtigt, ist wohl die allein mögliche Gestalt von Ästhetik heute.« Der produktionsästhetische Ansatz Adornos ist ein rezeptionsästhetischer – et vice versa. Es geht um die Kompossibilität beider Register; kantisch gewendet, von Spontaneität und Rezeptivität. Keiner Reflexion wird es gelingen, den Vollzug befriedigend in ihr Dispositiv einzuholen, keine Produktion, sofern sie sich reflexionslos geriert, ist geschützt vor dem Vorwurf der Naivität. Reflexion und Proflexion sind kitzlige Geschwister im inzestuösen Spiel. Ihre Einheit führt nicht zur Synthese, schon gar nicht zur Vernunft. Sie gibt dem Konflikt im Herzen künstlerischen Denkens statt, der Überstürzung mit Verlangsamung, Exzess mit Präzision, Wahrheit mit Wissen, Zukunft mit Vergangenheit vereint. Alles liegt daran, den Status solch strittiger Einheit zu spezifizieren, um kein kompletter Idiot zu sein. Der Idiot ist derjenige, …

FW: … der nur das Eigene kennt.

MS: … der sich einschließt.

FW: Der in der Samtschatulle sitzt. Im Sarg sozusagen.

MS: Es ist eine Selbsteinsargung.

FW: Man könnte auch Adorno zitieren: »Kunst ist Magie, befreit von der Lüge, Wahrheit zu sein.« Ist es nicht faszinierend, dass die Wahrheit der Kunst genau darin zu liegen scheint, dass sich in ihr der Wahrheitsbegriff auflöst?

8. Humor und Gnade

FW: Ich würde gern auf den Titel unseres Buches zu sprechen kommen und mich dieser Begriffskopplung, die ja von dir stammt, anzunähern versuchen. Wenn wir als Erstes den Begriff der Gnade nehmen, dann steht er in einer direkten Verbindung zum Gesetz. »Ein Akt der Gnade bricht buchstäblich das Gesetz«, schreibt Žižek und arbeitet die Stellung der Gnade im Kapitalismus heraus, die seiner Meinung nach dem Subjekt durch das Löschen der Schuld eine noch größere Schuld aufbürdet, nach dem Motto: »Je mehr Schulden mir erlassen werden, desto mehr schulde ich.« Für ihn ist der einzig akzeptable Akt der Gnade derjenige eines Ex-Sklaven gegenüber seinem Herrn. Ich finde, er verwechselt hier allerdings Gnade mit Vergebung, auch weil er Gnade in einen ganz direkten Zusammenhang zur Schuld oder zum Schuldig-Werden rückt. Aber ich frage mich, ob das zwangsläufig so sein muss und ob es nicht eine Empfindung von Gnade oder das Erleben eines Gnadenakts geben kann, die auch ohne das Vorhandensein einer Schuld funktionieren. Im Christentum ist die Gnade natürlich auch an eine Schuld gekoppelt, an die Erbsünde. Aber diese Erbsünde ist ein wackliges Konzept, das mir manchmal so erscheint, als wäre es nachträglich entwickelt worden, um die Menschwerdung Christi zu legitimieren. Wäre es aber nicht vorstellbar, den Gnadenakt – und meinetwegen auch die Menschwerdung – ohne eine Schuld zu denken, oder kann ich Gnade nur erfahren, wenn ich zuvor schuldig geworden bin? Oder, um noch eine weitere Möglichkeit zu erwähnen, stellt die Gnade selbst vielleicht das Gefühl der Schuld im Moment ihres Erscheinens her, das heißt, kann ich die Gnade als freien Akt einfach nicht begreifen, weshalb ich im Moment, in dem mir Gnade zuteilwird, automatisch ein Schuldgefühl entwickle, um der Gnade einen Grund zu geben? Ich verwechsle dann dieses Schuldgefühl mit einer Erkenntnis meiner Schuld, die ich vorher unter Umständen gar nicht hatte. Liegt die Stärke der Gnade aber nicht gerade darin, ein *acte gratuit* zu sein?

MS: Vielleicht ist Gnade als *acte gratuit*, was unverdient und unvorhersehbar eintritt. Dann hätte sie eine gewisse Verwandtschaft zur unmöglichen Gabe, wie sie Derrida konzeptualisiert. Unmöglich, weil es eine Entkopplung vom Äquivalententausch nicht gibt oder nur als regulative Idee oder Phantasma. Das Faszinierende an der Gnade hat mit der Durchlöcherung des Gesetzes zu tun, mit einer an Ungerechtigkeit grenzenden Gerechtigkeit jenseits des Rechts. So wie bestimmte Leute, die über ein besonderes musisches Talent verfügen, als begnadet gelten, und damit die an ihnen begangene Ungerechtigkeit exemplifizieren. Im Herzen der Gnade persistiert die Vorstellung vom ungerechten Gott.

FW: Das ist ja sozusagen die frohe Botschaft des Neuen Testaments, dass man nur eine Stunde im Weinberg arbeiten muss und genauso entlohnt wird, wie der, der den ganzen Tag dort geschuftet hat. Aber die Gnade ist natürlich eine komplexe Angelegenheit, weil sie eben nicht berechenbar ist. Mich würde zum Beispiel interessieren, ob Gnade immer eine Form der Begnadigung ist, denn das würde voraussetzen, dass man verurteilt wurde. Das wäre quasi das Prinzip der Erbsünde, ich komme bereits vorverurteilt auf die Welt, und dann wird mir die Gnade zuteil, begnadigt zu werden. Aber das erscheint mir ein eigenartiges Konstrukt, das dem tatsächlichen Prinzip der Gnade eher widerspricht, denn tatsächlich steckt ja in der Erbschuld eine Ungerechtigkeit, die durch den Gnadenakt lediglich ausgeräumt wird. Was aber wäre das für eine Gnade, die mich erst zu Unrecht verurteilt und dann dieses Urteil lediglich revidiert?

MS: Von Heiner Müller kann man lernen, dass Unschuld nicht existiert. Oder nur als idealistisches beziehungsweise metaphysisches Phantasma. Die berühmte weiße Weste, die sauberen Hände sind keine Option. Nicht in dieser Welt. In keiner Welt, die – wenn auch unregelmäßigen, manchmal eruptiven, immer kontingenten – Kausalitäten, Linearitäten, Determinationen unterliegt. Man muss lernen, ohne Paradies zu existieren. Dieses Lernen ist Bedingung der Möglichkeit emanzipatorischer (ich verwende das Wort in seiner unschuldigsten Bedeutung, während ich behaupte, dass Unschuld Illusion bleibt!) Politik. Der Geburt des Subjekts entspricht sein Sturz aus dem Paradies, sein Sturz aus der Unschuld, dem der Sturz in die Erkenntnis entspricht. Das Subjekt begreift, dass es unauflösbar mit seinen Wirklichkeiten verstrickt bleibt. Jede Bewegung verstrickt es weiter mit der sozioideokulturellen Textur. Es zappelt im Netz seiner Vergangenheit, Gegenwart und Zukunft. Sartre betont zu Recht, dass es verschiedene Modi des Zappelns gibt, unterschiedliche Weisen, sich mit der Wirklichkeit zu vernähen. Nur im Gefängnis wird die Blume blühen. Welt und Selbst verhalten sich zueinander wie Gefängnis und Gefangener. Wer auf absolute Freiheit setzt, verfehlt mögliche Freiheit, die es nur in objektiver Unfreiheit gibt. Es ist nicht so, dass es keinerlei Autonomie gäbe, doch sie muss sich in faktischer Heteronomie realisieren. Letztlich ist sie unbeweisbar, als solche aber erfahrbar. Vielleicht ist das der emphatische Erfahrungsbegriff Heideggers und Foucaults: dass eine Erfahrung nur derjenige macht, der sich im Bestehenden gegen es wendet. Nicht um aus ihm auszusteigen, sondern um anders und neu in es einzusteigen. Es handelt sich um eine Zeitreise im Kontinuum historischer Kausalität, um den magischen Moment, in dem die Unendlichkeit in der Endlichkeit erwacht. Nicht als das Immerwährende, sondern als Bruch mit dem Immer, als Ereignis, wie manche Philosophen sagen, als Schnitt oder *decisio*, als Entscheidung, in der die Geschichte ihren Atem anhält. Das will ein gewisser Vulgäraristotelismus beziehungsweise Faktenobskurantismus nicht sehen: Es gibt Inseln der Zeitlosigkeit in der Zeit. Sie sind der Gnade des inexistenten Gottes unterstellt.

FW: Mir kommt es tatsächlich so vor, dass uns diese Inseln der Zeitlosigkeit dem Begriff der Gnade näherbringen, weil sie sich einer gewissen Begrifflichkeit entziehen, und ich habe, wie gesagt, sogar den Verdacht, dass die Erbsünde eine Erfindung ist, die allein dazu dient, die ansonsten noch unbegreiflichere Gnade zu rechtfertigen. Es muss quasi etwas geben, von dem ich befreit werde, etwas, auf das sich die Gnade beziehen kann, denn genau die völlige Entkopplung vom Äquivalententausch ist am allerwenigsten nachzuvollziehen und zu ertragen, weil damit ganz grundlegende soziale Strukturen infrage gestellt werden. Die fehlende Unschuld, von der Heiner Müller spricht, verstehe ich aber als eine andere, nämlich als die des Individuums innerhalb der Gesellschaft, wo es tatsächlich ein Phantasma ist, sich außerhalb stellen zu wollen. Das Individuum als solches mag unschuldig sein, als Teil einer Gesellschaft, in die es hineingeboren wird, ist es schuldig. Damit würde die Erbsünde genau das symbolisieren, die gesellschaftlich nicht existente Unschuld, an der ich als unschuldiges Individuum partizipiere, da ich von Geburt an Teil einer Gemeinschaft bin.

MS: Inmitten der toxischen Zustände, die unsere Realitäten konstituieren, sich deren Gift zu entziehen, ist, was man statt Unschuld Freiheit und damit Denken nennen kann. Nicht als reflexive Praxis, sondern als Existenzmodus eines Subjekts, das sich weigert, nichts als Objekt der Determinanten, die auf es einwirken, zu sein. Im Anschluss an Nietzsche hat Max Scheler die toxische Dimension der Reaktivität, die Ressentiment heißt, analysiert. Sie sei durch Gift genährt. Ressentiment ist kultivierte Negativität. Auf sie baut man Zivilisationen. Man geriert sich als kritisch und ist ängstlich bis zur Kaltblütigkeit. Mit Nietzsche hat Deleuze das kleine Glück des giftigen Charakters bekämpft, den von negativen Affekten bestimmten »Geist der Rache«, durch den sich Kleinlichkeit ausdrückt, die nichts anderes ist als analer Geiz. Von Negativismus beseelt, »neidisch, eifersüchtig etc.«, schleicht der Mensch des Ressentiments ums Glück der anderen, das er oberflächlich nennt, eingebildet, inexistent. Schelers Text hebt den entwertenden Zug des Ressentiments hervor. Wer sich durch Gift ernährt, liebt es, zu vergiften. Das Wort Giftzwerg bringt das Kleinlich-Verkleinernde der toxischen Persönlichkeit zum Ausdruck. Immer bereit, den als zu wenig negativ empfundenen anderen eine Giftspritze zu setzen, in der Hoffnung, sich damit aufzubauen. Oft nennt sich kritisch, wer den Mut zur Bejahung nicht aufbringt, wer es kaum aushält, positiv zu sein. Die an Spinoza und Nietzsche anschließenden Affirmationismen der neueren Philosophie (Blanchot, Deleuze, Negri, Derrida, Badiou ...) sind alles andere als reaktionär. Sie exemplifizieren die linksorientierte Weigerung, sich durch pseudokritische Negativität zu paralysieren. Es geht um einen gesteigerten Begriff von Kritik, der auf ressentimentgeladenen Negativismus (aufs Reaktionäre also) verzichten kann. Das giftzwergenhafte Ressentiment fürchtet sich vor dem Glück der anderen. So wie der von Lacan mit Spott überzogene Maskulinismus die weibliche *jouissance* fürchtet, bedrückt den Giftzwerg die Vorstellung, da draußen könnte jemand glücklich sein. Er schließt sich ins narzisstische Ressentiment ein, um aus sicherer Position sein Gift zu verspritzen. Wenn Bataille das Lachen und den Humor ins Zentrum seines Denkens rückt, dann um mit Hegel, Nietzsche und Deleuze die Lächerlichkeit toxischen Ressentiments zu markieren. Von der Ironie und dem Zynismus unterscheidet den Humor seine Ungeschütztheit. Während Zynismus und Ironie Autoprotektionismen darstellen, öffnet sich der Humor dem Inkommensurablen, das er nicht kontrolliert. Deshalb ist er ein Synonym für Mut unter den Bedingungen faktischer Entmutigung. Vielleicht dachte Kafka daran, als er schrieb: »Ich lachte und zitterte vor Mut.« Es gibt eine Reziprozität von Lachen und Zittern. Das Lachen, das aus der stabilen Lage kommt, aus voller Selbstkontrolle (oder dem Phantasma solcher Kontrolle, denn es gibt sie nur als Phantasma), ist keines. Nur das zitternde Lachen verlangt Mut. Der Zynismus dagegen kommt aus der enttäuschten Erwartung. Ihm liegt die Furcht zugrunde, erneut enttäuscht zu werden, weshalb er erwartungslos tut, was zu unfreiwilliger Komik führt. Die Ironie tritt leiser auf, mit weniger gespieltem Selbstbewusstsein. Doch auch sie ist ein Schutzmechanismus.

Noch die postmoderne Ironie, die sich mit der Kontingenz von Selbst und Welt arrangiert, hat die Funktion, der Kontingenz auszuweichen. Humor ist Kontingenzaffirmation unter Umgehung ironisch-zynischer Kontingenzumgehung. Er ist Ausdruck von Souveränität und Mut.

FW: Kierkegaard würde sagen, man kann den Schritt eben nicht machen. Wir haben darüber ja schon mehrfach gesprochen, denn diese Absurdität der Existenz spiegelt sich im Vorgang des Schreibens wieder, wenn das Reale umkreist wird und man sich beständig an den Grenzen der symbolischen Ordnung reibt. Man könnte jetzt fragen, ob das der Punkt ist, an dem die Gnade wirken kann und sich eine andere Kategorie öffnet. Die Tür erscheint mir hier ein brauchbares Symbol zu sein. In Bezug auf Kafka wäre zu fragen, ob er die Gnade generell ausgeschlossen hat oder ob er sich bewusst der Gnade verweigerte und sagte: Ich bleibe in der menschlichen Absurdität und leiste ihr gegenüber keinerlei Widerstand. Allerdings könnte man auch diese Haltung als Resultat einer Gnade ansehen. Wir müssten uns also erst einmal über den Begriff der Gnade verständigen.

MS: Wenn Gnade Hoffnung auf Erlösung einschließt oder faktische Erlösung, dann ist Kafkas Satz, es gebe unendlich viel Hoffnung, doch nicht für uns, hilfreich. Mich stimmt der Satz hoffnungsvoll. Er besagt: Es gibt die Hoffnung der Hoffnungslosigkeit, oder: Die Erlösung bleibt aus, an ihre Stelle treten Lösungen. Es braucht eine Prothese.

FW: Aber was könnte diese Prothese ersetzen? Muss nicht gerade eine Lücke erhalten bleiben, und wird diese Lücke nicht durch den Sacrificium Intellectus geschaffen? Liegt darin vielleicht die eigentliche Glaubensleistung, eben nicht mehr weiterzudenken, obwohl ich weiterdenken könnte? Es ist eine willentliche Entscheidung. Ich warte damit nicht, bis ich mit meinem Latein am Ende bin, sondern breche das Denken bereits vorher ab. Dennoch war es in gewisser Weise das Denken, das mich überhaupt dazu gebracht hat, mit ihm selbst zu brechen. Dann wäre die in ihm angelegte und es antreibende Hoffnung berechtigt, dass es doch über sich hinausführen könnte, nur eben ganz anders, als gedacht. Es ist bezeichnend, dass der Begriff Sacrificium Intellectus von den Jesuiten stammt, die ja den Intellekt im Glauben betonen und wahrscheinlich gerade deshalb seine Grenzen erkennen.

MS: Vielleicht ist Denken, was die Kompossibilität von Glauben und Wissen erfahrbar macht.

FW: Erfahrung wäre in diesem Zusammenhang ein weiterer wichtiger Punkt.

MS: Bei Foucault – ich sagte es schon – durchzieht der Begriff der Erfahrung das gesamte Werk. Aus einer Erfahrung gehe ich verändert hervor. Etwas passiert mit mir. Ich sprach von der existenziellen Selbstimplikation des Denkenden in sein Denken. Denken bedeutet, sich aufs Unkontrollierbare einzulassen, auf Erfahrungen, die ungeahntes Wissen generieren.

FW: Wissen, das sich aus Wissen generiert, wäre eine Form des Glaubens.

MS: Zumindest geht es nicht ohne Vertrauen.

FW: Auf die Gnade bezogen, könnte man von einer Art Gnadenangebot sprechen, und um dieses Angebot zu erkennen, braucht es Vertrauen. Jetzt wäre zu fragen, ob dieses Angebot, der Zugang zur Gnade, generell für jedermann existiert oder ob es einer bestimmten Praxis bedarf, um die Gnade wahrnehmen zu können. Gnade impliziert ja, dass sie nicht verfügbar ist, sich nicht herbeiphilosophieren, aber auch nicht herbeipraktizieren lässt. Das meinte Pascal, wenn er in seinem *Mémorial* ausdrücklich darauf hinweist, dass es nicht länger um den Gott der Philosophen geht, sondern um den biblischen Gott. Bei Pascal, wie bei vielen anderen, ist es eine gedankliche Vorbereitung, zu der dann allerdings ein existenzielles Erlebnis hinzukommt, durch das, nicht zuletzt durch eine Konfrontation mit dem Tod, die Gnade wirken kann.

MS: Bei Wittgenstein und bei Kafka ist es ähnlich. Das Subjekt reitet auf einem wilden Tier, hält sich nur mit Mühe auf ihm. Nietzsche spricht vom Rücken des Tigers, Wittgenstein vom gutmütigen Pferd, wir sprachen schon darüber. Er verdanke es nur dessen Gutmütigkeit, nicht abgeworfen zu werden. Das Pferd ist die Lebensform. Es allegorisiert die Konsistenzebene *Realität*. Wir müssen auf die Tiere vertrauen, auf die Kinder, auf Kontingenzelemente, denen man nur *grundlos* vertrauen kann. Bei Heraklit gibt es die Figur des kindlichen Archonten, auf die sich Heidegger, Kostas Axelos und Deleuze berufen. Unsere Realität ist das Produkt eines Spielvorgangs. So oder so: Wir müssen vertrauen, das heißt glauben, ob wir wollen oder nicht. Der Manierismus der Spätrenaissance stellt den Gekreuzigten als Ungewissheitselement dar, als Witzfigur. Die Ahnung kommt auf: Gott weiß nicht, was er tut …

FW: Und so wie Gott nicht weiß, was er tut, weiß es auch der Mensch nicht. Das spiegelt sich im Werk Pascals wieder, der eine Ordnung, ein System nicht mehr herstellen konnte, weshalb seine Gedanken eine besondere Kraft entfalten, weil Angst, Schrecken, Zweifel parallel zu den Glaubensbekenntnissen verlaufen und nicht systemisch abgeleitet werden. Vielleicht widerspricht die Ordnung der Gnade. Ich sehne mich nach Klarheit und Ordnung, nach Stabilität und erhoffe mir genau das durch den Glauben. Der Glaube aber verhindert das alles, er ist der Stachel im Fleisch, der alles verwirrt, so wie es auch die Liebe ist, von der wir uns eine ähnliche Erfüllung und Ruhe erhoffen, die uns gerade durch sie unmöglich gemacht wird. Und wenn man sich die Passionsgeschichte ansieht, dann ist das auch ein ziemliches Kuddelmuddel, das man 2000 Jahre lang mühselig versucht hat, ikonografisch zu ordnen und einzufrieren, in vierzehn Stationen und einzelne Situationen, die man immer wieder von verschiedenen Seiten beleuchtet hat. So kommt es auch bei Jesus zu dem Gefühl der grundsätzlichen Verlassenheit, und man könnte diesen Moment als Grundlage für die Gnade nehmen: Nicht der Kreuzestod, sondern der Zweifel am Kreuz ist das, was Jesus zum Menschen macht, ihn also von Gott entfernt und gleichzeitig befähigt, die Gnade, symbolisiert in der Auferstehung, zu erfahren. Es geht bei der Gnade schließlich um eine ureigene individuelle Erfahrung, die das Gefühl der Trennung voraussetzt.

MS: Vielleicht ist das eine Form des Kontingenzmanagements, zu dem es keine Alternative gibt.

FW: Ich würde den Begriff Kontingenzmanagement allerdings so interpretieren, dass ich durch die Kontingenz immer wieder dazu gebracht werde, mich neu zu bestimmen, zwangsweise sozusagen. Die Kontingenz stellt mein Wissen und Meinen auf den Prüfstand. Und aus dieser Spannung zwischen Kontingenz und Wollen entsteht die Möglichkeit zur Entwicklung. Letztlich kann ich den durch die Kontingenz ausgelösten Zweifel eben nicht managen, er verfolgt mich, fordert Beachtung, wirkt auf mein Denken ein, das flach bleibt, wenn ich die Kontingenz auszuschließen versuche. Man kann sich nicht mit einem Stachel im Fleisch arrangieren. Und vielleicht ist es sogar der Körper, der ein Stachel im Denken ist, mich glücklicherweise immer wieder beim Denken stört, dadurch aber das Denken erweitert. Kontingenz bedeutet ja, da ist etwas, das sich meinem Zugriff immer wieder entzieht. Ich muss folglich lernen, etwas mitzudenken, was sich nicht mitdenken lässt. Kontingenz ist damit auch ein Verweis auf das Reale.

MS: Ist das Begriffsdenken nicht bereits Einwand gegenüber Kontingenz? Kontingenz ist ein Begriff, der auf die Grenzen begrifflicher Realitätserfassung verweist. Adorno scheut sich nicht, von der »Verpflichtung des begrifflichen Denkens« zu sprechen. Die Philosophie darf dieser Verpflichtung nicht ausweichen. Gleichzeitig muss sie sich mit der Unreinheit ihrer Begriffe arrangieren. Zur Begriffshygiene gehört, dass sich der Begriff immer wieder aufs Neue reinigen muss. Nicht vom historischen Gehalt, sondern vom Anspruch, von ihm unbefleckt zu sein. Dennoch darf sich das Begriffsdenken nicht derart dem Gehalt assimilieren, dass es seine Begriffe an ihn verliert. Zur Dialektik des Begriffs gehört seine Selbstvermittlung mit dem Begriffsaußen, der Kontingenz, die ihn unweigerlich kontaminiert. »Die Ideale des Reinlichen und Säuberlichen, die dem Betrieb einer veritablen, auf Ewigkeitswerte geeichten Philosophie, einer hieb- und stichfesten, lückenlos durchorganisierten Wissenschaft und einer begriffslos anschaulichen Kunst gemein sind, tragen die Spur repressiver Ordnung.« Adornos Forderung, die Kunst müsse Chaos in die Ordnung bringen, gilt auch für die Philosophie. Sie ist mehr als ein Beispiel eines gewissen Nietzscheanismus. In ihr drückt sich die Insistenz auf der Unhintergehbarkeit des Begriffs wie der Unmöglichkeit seiner Reinheit aus. Diese doppelte Insistenz widersteht dem Begriffspurismus einerseits, der im Kultisch-Begriffslosen entschärften Kunst andererseits. Ihr implizit ist die Verwerfung des Heidegger'schen

Jargons, den Jaspers als raunende Magie kritisiert. Weder die Philosophie noch die Kunst sind auf eines der Register des Ewigen und Historischen reduzierbar. Philosophisches und künstlerisches Denken verbindet die Weigerung, sich auf eines dieser Register zu reduzieren, statt am Punkt ihres Aufeinandertreffens Chaos zu generieren: Kontingenzaffirmation.

FW: Wenn du die Frage nach den Mitteln stellst, um die existenzielle Aporie auszuhalten, dann fällt mir natürlich der Humor ein. Wahrscheinlich *ist* Humor Gnade oder eine Form der Gnade. Aus den düster kreisenden Verwicklungen des Denkens einen Ausgang zu entdecken, den das Denken nicht verstopfen kann, weil es außerhalb von ihm liegt. So hat das Denken recht und unrecht in einem: es hat recht, dass es eine Transzendenz gibt, aber es hat insofern unrecht, dass diese Transzendenz durch das Denken, also es selbst, erreicht werden könnte. Und doch, und das ist das Paradoxe, hat es in diesem Unrecht gleichzeitig wieder recht, weil es ohne das Denken auch nicht geht. Wir brauchen beides und müssen aushalten, dass es sich um gegenläufige Bewegungen handelt, die wir nicht in den Griff bekommen. Deshalb gibt es auch keine wirkliche Lösung oder gar Erlösung, weil wir diese Erkenntnis zwar annehmen können, aber dieses Annehmen weder resignativ noch berechnend sein darf, sondern letztlich bedeutungslos. Und sich zur Bedeutungslosigkeit zu bekennen, dazu gehört schon eine Portion Humor.

Ausgewählte Literatur

Theodor W. Adorno, *Negative Dialektik*, Frankfurt a. M. 1970.

Theodor W. Adorno, *Minima Moralia*, Frankfurt a. M. 1984.

Theodor W. Adorno, *Kierkegaard. Konstruktion des Ästhetischen*, Frankfurt a. M. 1986.

Theodor W. Adorno, *Briefe an die Eltern 1939-1951*, Frankfurt a. M. 2003.

Theodor W. Adorno, Max Horkheimer, *Die Dialektik der Aufklärung*, Frankfurt a. M. 1986.

Giorgio Agamben, *Profanierungen*, Frankfurt a. M. 2005.

Giorgio Agamben, *Die Erzählung und das Feuer*, Frankfurt a. M. 2017.

Louis Althusser, *Die Zukunft hat Zeit. Die Tatsachen. Zwei autobiographische Texte*, Frankfurt a. M. 1993.

Hannah Arendt, *Denken ohne Geländer. Texte und Briefe*, München 2006.

Antonin Artaud, *Oeuvres*, Paris 2004.

Augustinus, *Bekenntnisse / Confessiones*, Frankfurt a. M. 1987.

Alain Badiou, *L'être et l'évènement*, Paris 1988.
Alain Badiou, *Saint Paul. La fondation de l'universalisme*, Paris 1997.
Alain Badiou, *Rhapsody for the Theatre*, London 2013.
Alain Badiou, *The Age of the Poets*, London 2014.
Alain Badiou, *Le Séminaire. Nietzsche: L'antiphilosophie 1 (1992-1993)*, Paris 2015.
Alain Badiou, *Pocket Pantheon*, London 2016.
Georges Bataille, *Wiedergutmachung an Nietzsche*, München 1999.
Georges Bataille, *L'expérience intérieure*, Paris 2014.
Georges Bataille, *La Part maudite*, Paris 2014.
Georges Bataille, *Oeuvres Complètes* VI, Paris 2016.
Georges Bataille, *Hegel, der Mensch und die Geschichte*, Berlin 2018.
Jean Baudrillard, *Simulacres et Simulations*, Paris 1981.
Roland Barthes, *Le plaisir du texte*, Paris 1991.
Roland Barthes, *Die Körnung der Stimme. Interviews 1962-1980*, Frankfurt a. M. 2002.
Walter Benjamin, *Denkbilder*, Frankfurt a. M. 1974.
Walter Benjamin, *Gesammelte Schriften*, Band 1,1 und 1,2, Frankfurt a. M. 1978.
Walter Benjamin, *Benjamin über Kafka*, Frankfurt a. M. 1992.
Walter Benjamin, *Über Literatur*, Frankfurt 1992.
Walter Benjamin, *Einbahnstraße*, Frankfurt a. M. 2001.

Walter Benjamin, *Illuminationen. Ausgewählte Schriften* 1, Berlin 2001.

Rita Bischof, »Negativität und Anerkennung«, in: Georges Bataille, *Hegel, der Mensch und die Geschichte*, Berlin 2018.

Maurice Blanchot, *L'arrêt de mort*, Paris 1977.

Maurice Blanchot, *Thomas l'Obscur*, Paris 2005.

Maurice Blanchot, *Das Neutrale. Philosophische Schriften und Fragmente*, Berlin, Zürich 2010.

Elisabeth Bronfen, *Das verknotete Subjekt. Hysterie in der Moderne*, Berlin 1998.

John Cage, *Silence*, Frankfurt a. M. 1987.

John Cage, *Empty Words*, London 2009.

Albert Camus, *Der Mythos von Sisyphos*, Hamburg 1971.

Elias Canetti, *Die Provinz des Menschen. Aufzeichnungen 1942-1972*, Frankfurt a. M. 1986.

Emil Cioran, *De l'inconvénient d'être né*, Paris 1987.

Hélène Cixous, *L'heure de Clarice Lispector*, Paris 1989.

Guy Debord, *Oeuvres*, Paris 2006.

Gilles Deleuze, Félix Guattari, *Qu'est-ce que la philosophie?*, Paris 2005.

Jacques Derrida, *De la grammatologie*, Paris 1967.

Jacques Derrida, *La Carte Postale*, Paris 1980.

Jacques Derrida, *Points de suspension. Entretiens*, Paris 1992.

Jacques Derrida, *Le monolinguisme de l'autre*, Paris 1996.
Jacques Derrida, *Resistances of Psychoanalysis*, Stanford 1998.
Jacques Derrida, *La vérité en peinture*, Paris 2010.
Jacques Derrida, *Préjugés: Vor dem Gesetz*, Wien 2017.
Emily Dickinson, *The Complete Poems*, London 1990.
Sonja Dierks, *Es gibt Gespenster. Betrachtungen zu Kafkas Erzählung*, Würzburg 2003.
Marguerite Duras, *Le ravissement de Lol V. Stein*, Paris 1964.
Marguerite Duras, *Die Krankheit Tod / La Maladie de la Mort*, Frankfurt a. M. 1985.
Marguerite Duras, *Oeuvres*, Paris 1997.
Marguerite Duras, *Emily L.*, Paris 2008.
Marguerite Duras, *Écrire*, Paris 2015.

Wolfram von Eschenbach, *Parzival*, herausgegeben von Eberhard Nellmann, Frankfurt a. M. 2015.

Gustave Flaubert, *Madame Bovary*, Paris 1991.
László F. Földényi, *Orte des lebendigen Todes*, Berlin 2017.
Michel Foucault, *Der Gebrauch der Lüste. Sexualität und Wahrheit* 2, Frankfurt a. M. 1989.
Michel Foucault, *Der Mensch ist ein Erfahrungstier.*

Gespräch mit Ducio Trombadorie, Frankfurt a. M. 1996.

Sigmund Freud, *Trauer und Melancholie*, Berlin 1982.

Johann Wolfgang von Goethe, *Wilhelm Meisters Lehrjahre*, München 2005.

Erving Goffman, *Wir alle spielen Theater*, München 1976.

Nicolai W. Gogol, *Der Mantel*, Frankfurt a. M. 1986.

Peter Handke, *Die Begrüßung des Aufsichtsrats*, München 1970.

Peter Handke, *Die Hornissen*, Hamburg 1971.

Peter Handke, *Der Hausierer*, Hamburg 1974.

Peter Handke, *Die Lehre der St. Victoire*, Frankfurt a. M. 1980.

Peter Handke, *Versuch über die Müdigkeit*, Frankfurt a. M. 1989.

Peter Handke, *Versuch über die Jukebox*, Frankfurt a. M. 1990.

Peter Handke, *Versuch über den geglückten Tag*, Frankfurt a. M. 1992.

G.W.F. Hegel, *Werke in zwanzig Bänden*, Frankfurt a. M. 1980

Martin Heidegger, *Sein und Zeit*, Tübingen 1927.

Martin Heidegger, *Unterwegs zur Sprache*, Stuttgart 1957.

Martin Heidegger, *Vier Seminare. Le Thor (1966/1968/1969) – Zähringen (1973)*, Frankfurt a. M. 1987.

Martin Heidegger, *Hölderlins Hymne »Der Isther«*, Frankfurt a. M. 1993.

Martin Heidegger, *Hegels Phänomenologie des Geistes*, Frankfurt a. M. 1997.

Martin Heidegger, *Vorträge und Aufsätze (1936-1953)*, Frankfurt a. M. 2000.

Martin Heidegger, *Erläuterungen zu Hölderlins Dichtung*, Frankfurt a. M. 2001.

Michel Houellebecq, *Ausweitung der Kampfzone*, Hamburg 2000.

Michel Houellebecq, *La carte et le térritoire*, Paris 2012.

Michel Houellebecq, *In Schopenhauers Gegenwart*, Köln 2019.

Michel Houellebecq, Bernhard-Henri Lévy, *Ennemis publics*, Paris 2008.

Edmund Husserl, *Die Krisis der europäischen Wissenschaften und die transzendentale Phänomenologie*, Hamburg 2012.

Edmund Husserl, *Cartesianische Meditationen. Eine Einleitung in die Phänomenologie*, Hamburg 2012.

Eva Illouz, *Gefühle in Zeiten des Kapitalismus*, Frankfurt a. M. 2007.

Werner Jäger, *Aristoteles. Grundlegung einer Geschichte seiner Entwicklung*, Berlin 1923.

Karl Jaspers, *Notizen zu Martin Heidegger*, München 2013.

James Joyce, *Finnegans Wake*, London 2000.

James Joyce, *Ullyses*, London 2002.

Mehdi Belhaj Kacem, *Protreptikos zur Lektüre von »Sein und Sexuierung«*, Berlin 2012.

Franz Kafka, *Tagebücher 1910 – 1923*, Frankfurt a. M. 1976.

Franz Kafka, *Erzählungen*, Frankfurt a. M. 1976.

Franz Kafka, *Briefe an Milena*, Frankfurt a. M. 1982.

Franz Kafka, *Nachgelassene Schriften und Fragmente I und II*, Frankfurt a. M. 2002.

Franz Kafka, *Die Zürauer Aphorismen*, Frankfurt a. M. 2006.

Franz Kafka, *Reisetagebücher*, Frankfurt 2008.

Immanuel Kant, *Kritik der reinen Vernunft*, Hamburg 1998.

Walter Kaufmann, *Nietzsche. Philosoph – Psychologe – Antichrist*, Darmstadt 1982.

Sören Kierkegaard, *Brosamen und Unwissenschaftliche Nachschrift*, München 1976.

Sören Kierkegaard, *Einübung im Christentum*, München 1977.

Sören Kierkegaard, *Entweder – Oder*, München 1978.

Julia Kristeva, *Fremde sind wir uns selbst*, Berlin 1990.

Jacques Lacan, *Écrits* I, Paris 1970.
Jacques Lacan, *Écrits* II, Paris 1971.
Jacques Lacan, *Le séminaire Livre* XI, Paris 1973.
Jacques Lacan, *Le séminaire Livre* VII, Paris 1986.
Jacques Lacan, *Le séminaire Livre* XX, Paris 1999.
Jacques Lacan, *Le séminaire Livre* XVIII, Paris 2007.
Vladimir Lossky, *Théologie Négative et Connaissance de Dieu chez Maître Eckhart*, Paris 2002.
Georg Lukács, *Die Theorie des Romans. Ein geschichtsphilosophischer Versuch über die Formen der grossen Epik*, Frankfurt a. M. 1986.
Niklas Luhmann, *Soziale Systeme. Grundriß einer allgemeinen Theorie*, Frankfurt a. M. 1987.
Niklas Luhmann, *Archimedes und wir. Interviews*, Berlin 1987.

Marius Timmann Maaland, *Autopsia: Self, Death, and God after Kierkegaard and Derrida*, Berlin 2008.
Paul de Man, *Allegories of Reading*, Yale 1979.
Heiner Müller, *Rotwelsch*, Berlin 1982.
Heiner Müller, *Krieg ohne Schlacht*, Köln 1992.
Heiner Müller, *Schriften*, Frankfurt a. M. 2005.
Heiner Müller, *Gespräche* 1 - 3, Frankfurt a. M. 2008.
Heiner Müller, *Theater ist kontrollierter Wahnsinn*, Berlin 2015.

Jean-Luc Nancy, *Corpus*, Berlin 2003.
Jean-Luc Nancy, *Es gibt – Geschlechtsverkehr*, Berlin 2012.
Jean-Luc Nancy, Adèle Van Reeth, *La jouissance*, Paris 2014.
Gerard Nerval, *Poètes d'aujourd'hui*, Paris 1972.
Friedrich Nietzsche, *Werke in drei Bänden*, München 1973.
Friedrich Nietzsche, *Nachgelassene Fragmente*, München 1988.

Oulipo, *Atlas de littérature potentielle*, Paris 2007.
Marcel Bénabou, Paul Fournel (Hg.), *Anthologie de l'Oulipo*, Paris 2009.

Jean Paul, *Sämtliche Werke*, Frankfurt a. M. 1996.
Pier Paolo Pasolini, *Saint Paul*, London 2014.
Cesare Pavese, *Das Handwerk des Lebens. Tagebuch 1935-1950*, Berlin 2001.
Georges Perec, *La disparition*, Paris 1999.
Georges Perec, *Penser / Classer*, Paris 2003.
Platon, *Symposion / Gastmahl*, Hamburg 2012.
Marcel Proust, *À la recherche du temps perdu* I, Paris 1987.

Rainer Maria Rilke, *Sämtliche Werke*, Frankfurt a. M. 1975.
Andreas Reckwitz, *Gesellschaft der Singularitäten*, Berlin 2017.

Jean-Jacques Rousseau, *Confessions et autres textes autobiographiques*, Paris 2013.
Bertrand Russell, *Autobiographie* II. *1914-1944*, Frankfurt a. M. 1970.

Jean-Paul Sartre, *Die Wörter*, Hamburg 1975.
Jean-Paul Sartre, *Das Sein und das Nichts*, Hamburg 1991.
Max Scheler, *Das Ressentiment im Aufbau der Moralen*, Frankfurt a. M. 2017.
Carl Seelig, *Wanderungen mit Robert Walser*, Frankfurt a. M. 1977.
William Shakespeare, *Hamlet*, London 1998.
William Shakespeare, *Romeo and Juliet*, London 1998.
Sophokles, *Antigone*, Ditzingen 1978.
Baruch de Spinoza, *Ethik in geometrischer Ordnung dargestellt*, Hamburg 2015.

Jean Wahl, *Le malheur de la conscience dans la philosophie de Hegel*, Paris 1923.
Robert Walser, *Jakob von Gunten*, Frankfurt 1985.
Robert Walser, *Die Rose*, Frankfurt a. M. 1986.
Robert Walser, *Aus dem Bleistiftgebiet*, Frankfurt a. M. 1985-2000.
Ludwig Wittgenstein, *Philosophische Untersuchungen*, Frankfurt a. M. 1967.
Ludwig Wittgenstein, *Über Gewißheit*, Frankfurt a. M. 1982.

Ludwig Wittgenstein, *Tractatus logicus-philosophicus*, Frankfurt a. M. 1984.

Paul Valéry, *Windstriche*, Frankfurt a. M. 1971.
Joseph Vogl, *Das Gespenst des Kapitals*, Zürich, Berlin 2010.

Maria Zambrano, *Philosophie und Dichtung*, Wien 2006.

Slavoj Žižek, *Die Nacht der Welt. Psychoanalyse und Deutscher Idealismus*, Frankfurt a. M. 1998.
Slavoj Žižek, *The Ticklish Subject*, London 2008.
Slavoj Žižek, *Living in the End of Times*, London 2011.
Slavoj Žižek, *Less than Nothing*, London 2013.
Slavoj Žižek, *Incontinence of the Void*, London 2017.

Erste Auflage Berlin 2019

MSB Matthes & Seitz Berlin
Verlagsgesellschaft mbH
Göhrener Str. 7 | 10437 Berlin
info@matthes-seitz-berlin.de

Druck und Bindung: Artdruk, Szczecin
Satz: Monika Grucza, Berlin
Umschlaggestaltung nach einer Idee von Pierre Faucheux
ISBN 978-3-95757-724-5
www.matthes-seitz-berlin.de

Marcus Steinweg

Proflexionen

Fröhliche Wissenschaft Bd. 128
192 Seiten, Klappenbroschur

ISBN 978-3-95757-636-1

Nach *Inkonsistenzen*, *Evidenzterror*, *Splitter* und *Subjekt und Wahrheit* setzt der Philosoph Marcus Steinweg mit den *Proflexionen* sein eigensinniges Denken fort und nimmt den Leser mit auf den Weg. In prägnanten und hochverdichteten Kurztexten, Denkbildern, Bemerkungen und Miniaturen zu Autoren wie Simone Weil, Georg Trakl, Fernando Pessoa, Etel Adnan, Peter Handke, Franz Kafka, Jean-Luc Nancy oder Ludwig Wittgenstein kristallisiert sich seine unabschließbare Arbeit an den Antinomien des Denkens. Motive wie ›Manhattan‹, ›Kindheit‹, ›Gespenster‹, ›Liebestheologie‹, ›Diätetik‹, ›Schnee‹, ›Professorenphilosophie‹, ›Märchenstunde‹, ›Freundschaft‹ dienen ihm nicht als Reflexionsgrund, sondern als Anlass zu Proflexionen: Affirmationen nicht des Bestehenden, sondern seiner Inkonsistenz. Immer geht es Steinweg darum, Denken als Vorwärtsdynamik statt als Rückversicherung zu praktizieren.

Matthes & Seitz Berlin

Frank Witzel

Vondenloh

287 Seiten, Paperback

ISBN 978-3-95757-679-8

Frank Witzels hinreißend komischer Roman über Leben und Werk der Schriftstellerin Bettine Vondenloh – deren Romane 120 Seiten nie überschreiten und stets Bestseller werden – ist Literaturbetriebskrimi ebenso wie skurrile Dorfgeschichte: Ein gigantischer Wal beginnt darin gehörig zu stinken, die Psychoanalytiker Jacques Lacan und Wilhelm Reich entkommen knapp einem gefährlichen Sturz, eine riesige Wachsstatue Himmlers offenbart ihr Innenleben und der Erzähler kommt in Verdacht, ein Verhältnis mit der in die Jahre gekommenen Schriftstellerin gehabt zu haben. Am Ende wissen wir zwar nicht mehr als zuvor, aber sind um einiges klüger.

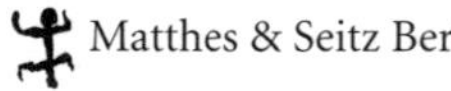